DICCIONAЯIO DE
• LA ЯEAL EPIDEMIA DE LA LENGUA •

Por Armando Hoyos

EDITORIAL DIANA
MEXICO

Créditos: creatividad, redacción, diseño, fotografía, ilustraciones y
viñetas: págs. 70 y 71

© 1999, Eugenio Derbez

Derechos reservados

© 2013, Editorial Planeta Mexicana, S.A. de C.V.
Bajo el sello editorial DIANA M.R.
Avenida Presidente Masarik núm. 111, 2o. piso
Colonia Chapultepec Morales
C.P. 11570, México, D.F.
www.editorialplaneta.com.mx

Primera edición: agosto de 1999
Décima tercera reimpresión: abril de 2014
ISBN: 978-968-13-3215-0

Impreso en los talleres de Litográfica Argos, S.A. de C.V.
Av. Tlatilco núm. 78, colonia Tlatilco, México, D.F.
Impreso y hecho en México – *Printed and made in Mexico*

En la portada de este libro dice: "Más de 900 definiciones". Para ser
exactos son 901

•DICCIONARIO DE LA ЯEAL EPIDEMIA DE LA LENGUA

ABARCAR. Estacionar un camello junto a un barquímetro.

ABATIR. Orden de los pasteleros.

ABERRACION. Porción de pollo para una persona.

ABETO. A quien le habla Enrique.

ABLANDADOS. Cubilete parlanchín.

ABUCHEO. Apócope de Abuelo Eliseo.

ACALORA... y allá Bátiz.

ACITRONADO. ¡Puuuuuuum!

ACROSTICO. Refrigerador costarricense.

ACOMODARSE. Pregunta que se hace una mujer al convertirse en prostituta.

ADEMAN. Hombde nacido en Ademania.

AEROBICS. Bolígrafos voladores que no saben fallar.

AEROBICS

AGLUTINAR. Poner los glutios en la tina.

AGOLPAR. Empate a dos en el futbol.

AGRICOLA. Refresco de cola con mucho limón.

AGUACERO. Sequía.

AGUJERO. Señor que vende agujas.

AGUJETA. Persona con cara de aguja.

AJOLOTE. Gran cargamento de ajos.

ALARDE. Incendio en la turbina lateral de un avión.

ALABANZA. Lugar al que se va la comida árabe.

ALBARICOQUE. Apócope de Albaro Jorge.

ALCA PARRA

ALFA ALFA

ANDA LUZ

ALCANTARILLA. La más pequeña de la familia Alcántara.

ALCAPARRA. Hoja de árbol que alivia, porque sí alivia.

ALDEANO. Señalar al hombre de pompis grandes.

ALFALFA. Primera primera letra letra griega griega.

ALGAS. Ompis o lúteos.

ALGODONAR. Regalar cualquier cosa.

ALIENTOS. Expectoración de un extraterrestre.

ALIMAÑA. Trampas que hacía Cassius Clay al boxear.

ALMACENA. Alimento que come Alma por la noche.

ALOJA. Saludo con el que te reciben cuando te alohas en un hotel de Jawaii.

ALUD. Lo que dice un gangoso al brindar.

AMAESTRADO. Persona muy encariñada con las tarimas de los tribunales.

AMARTELAR. Lo que sienten las costureras.

AMBITOS. Ambos chiquitos.

AMBOS. Ambitos grandotes.

AMNESIA. Enfermedad que hace confundir la gimnasia con la magnesia.

ANDALUZ. Lámpara con patas.

ANFITEATRO. Lugar donde actúan las ranas y demás anfibios.

ANGOSTO. Mes anterior a sentiembre.

ANOMALO. Hemorroide.

ANONADADO. Refresco de cola.

ANTEPASADO. Especie de ciervo drogado.

ANTIGUA. Perro al que no le gusta ladrar.

ANTILOPES. ProGutiérres.

ANTIPEDAGOGICO. Todo lo que enseñan en Alcohólicos Anónimos.

ANTROPOIDE. Hemorroide contagiada en un antro.

AÑICOS. Períodos de 365 días en Cuba.

APETITO. Pequeño apeto.

APLACAR. Ponerse la placa.

APLICAR. Ponerse la plica.

APREHENDER. Adquihirir el cohonocimiento dehe ahalgo.

APRENDER. Acer la captura de un ampón.

ARBITRAJE. Uniforme que usan los que trabajan en Arbis.

ARCHIPIELAGO. Murciélago pelirrojo y con pecas.

ARCHIVERO. Pareja formada cuando se deshizo la pareja ArchiBety.

ARIETE. Adiorno para las oriejas.

ARMADURA. Erección.

ARMIÑO. Una cosa de este tamiño.

ARQUETIPO. Robin Hood.

ARRASTRES. Monedas para una boda triple.

ANTE PASADO

ARCHI VERO

ASTRONOMIA

AUTO RETRETE

ARREBATO. Grito que usan los norteños para que su caballo camine.

ARRECIFE. Grito que usan los buzos para que su caballo de mar nade.

ARTESANOS. Ver artículos.

ARTICULOS. Ver artesanos.

ASCENDIENTES. Fabricantes de piezas dentales.

ASESORO. Expresión que se le dice al rey Midas cuando va al baño.

ASFALTADO. Expresión que le dicen las maestras al niño que no va diario a la escuela.

ASTRONOMIA. Perro de los Supersónicos que no puede hacer pipí.

ASUMIR. Hoy me toca | Esta noche cena Pancho.

ATERRORIZADO. Persona de pelo chino llena de tierra.

ATIBORRARTE. Desaparecerte.

ATINADA. Frase de Santa Claus a los mal portados.

ATLAS. Contrario de alelante.

ATOLON. Súper atole que sirven en los arrecifes.

ATRACTIVO. Como queda uno al rasurarse con Atra Plus.

AUMENTAR. Aullido con el que los lobos se mientan la madre.

AVALANCHA. Gorda que firma para garantizar un pago.

AVENIDO. Analogía hombre -casa.

AVESTRUZA. Calzón de los pájaros.

AVICOLA. Parte por donde salen los huevos (por eso la gente piensa que es sinónimo de calzón corto masculino).

AYUNA. No ay más.

AYUNTAMIENTO. Existencia de pomada.

AZABACHE. Hoyo color negro en el pavimento donde se tropiezan algunos caballos negros.

AZULEJOS. Lugar donde está el color del cielo.

AVESTRUZA

BABEL. Material con lo que se limbian los árabes cuando van al baño.

BACHILLER. Persona a la que están a punto de salírsele las lágrimes.

BACHILLERATO. Lugar donde se estudian los baches.

BACILO. Microbio muy cotorro y bromista.

BAGATELA. Tejido que no tiene nada que hacer.

BALALAICA. Munición rusa que no tiene religión.

BALUARTE. Pinturas del oso Balú.

BAMBU. Abuelito de Bambi originario de China.

BANCO. Arabe sin brazo.

BANDEJA. Expresión que les gritan a las mujeres árabes cuando manejan.

BALATA

BANDOLERO. Aquel que pertenece al bando de los que se burlan.

BANJO. Al fonjo a la derecha.

BANJO

BERRO

BI COCA

BARBARISMO. Colección exagerada de muñecas Barbies.

BARBIQUEJO. Expresión de sufrimiento por no tener una Barbie.

BARBITURICO. Con lo que se suicida una Barbie.

BARBON. Barbie travesti.

BARMAN. Superhéroe cantinero jefe de Robin.

BARNIZA. Cantina en Francia.

BARQUITO. Cantina en Ecuador.

BARRENO. Cantina en Nevada, E.U.

BARRIO. Cantina en Brasil.

BASTILLA. Lo que se toman los árabes cuando se enferman.

BATIMIENTO. Batman es Clark Kent.

BAYONETAZO. Herida causada con un frijol bayo.

BECERRO. Observar una loma o colina.

BEJUCO. Forma despectiva de llamar al abuelito.

BELICO. Nativo de Belice.

BELLOTA. Tu hermanota.

BENCENO. Lo que los bebés hacen con los ojos. cuando toman leche.

BERGANTIN. Aparato reproductor de Rintintín.

BERMUDAS. Obserbar a las que no havlan.

BERRO. Bastor alebán.

BETA. Alberta.

BETUN. Albertún.

BICHO. Dos chos, o sea cho cho.

BIENVENIDO. Tener buenas relaciones sexuales.

BIOMBO. Objeto hecho de pan blanco que sirve para que te cambies detrás de él.

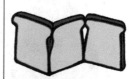

BIOMBO

BIPEDOS. Observé a dos borrachos| Tener un doble problema simultáneamente.

BISTEC. Tecnológico de Monterrey Tecnológico de Monterrey.

BIZARRO. Expresión del dentista cuando vio que no te habías lavado los dientes.

BIZCOCHERO. Chofer que mira torcido.

BLASON. Papá de Blas.

BLINDAR. Alzal la copa.

BLASON

BOA. Casamiento en Cuba.

BODEGON. Papá de los bodeguitos (no incluyo la definición de bodega, pues está muy choteada).

BOLLO. Bariente árabe de la gallina.

BORICO. Perteneciente a Milutinovic.

BORRACHERA. Lugar donde se almacena la borra

BOLLO

BORRASCOSAS cuando usas tu goma.

BOTANICA. Bota usada para hacer pipí| Programa de Origel en Cuba: *La Botánica*.

BOTARGAS. Flatulear.

BOTICA. Pequeña bota cubana.

BOTERO. Instrumento de Fernando que saca botas una por una.

BOTERO

BUDIN

BUZON

BOYA. Femenino de niño en inglés.

BRACERO. Falta de brassiere.

BRAGADURA. Pantaleta almidonada.

BRAILE. Danza de invidentes.

BRAMAN. Hombre -brassiere.

BRISA. Apuración árabe. *Tengo mucha brisa.*

BROMO. Chisto.

BROMHIDRICO. Acido muy bromista.

BRONCE. Uno antes del droce.

BRUJULA. Mujer que anda en escóbula.

BUDIN. Buda pequeño.

BULBO. Animal árabe con ocho tentáculos.

BUSCARLOS. Camión de Charlie.

BUTANO. Primo de perengano que trabaja en la compañía de gas.

BUZON. Buzo muy alto que recibe sugerencias.

CABALGATA. Sirvienta en su juicio.

CACAREO. Excremento del preso.

CACHIPORRA. Chiquitibum ala bin bo.

CACHIVACHE. Pequeño hoyo en el pabimento que está a punto de convertirse en vache.

CACIQUE. Qu.

CALABOZO. Prisión de los payasos.

CALAMBRE. Ganas de comer cal.

CALCOMANIA. Obsesión de calcar.

CALCULO. Polvo blanco para las hemorroides.

CALDERO. Asiento posterior de un auto.

CALIGULA. Pecado cometido por comer en exceso comida colombiana.

CAMAFEO. Catre incómodo.

CAMARERO. Señor que vende cámaras.

CAMARON. Aparato enorme que saca fotos.

CAMPAÑA. Objeto que hace talañ talañ.

CANCAN. Perro de José José y Polo Polo.

CANCELAR. No dejar salir al perro para evitar que se cruce con una perra | Poner un cancel.

CANCERBERO. Enfermedad mortal de Berónica.

CANCILLERIA. Acientos para perros.

CANDIDATO. Cándido grandote .

CANDIDOS. *Two* dulces.

CANDOR. Por donde entran los perros en E.U.

CANONIZAR. Tomar una foto a un santo con una cámara Canon.

CANTIMPLORA. Súplica desesperada porque cantes.

CAPIROTE. Camarote del capitán.

CAPUCHINO. Compañero oriental de Viruta | Campeón del humorismo amarillo.

CAPUCHON. Calzón de Capulina.

CARBONO. Automóvil de César.

CARCOMER. El banco que va consumiendo lentamente tu dinero (léase Carcómer).

CAMI SETA

CAPI TALINA

CAPU CHINO

CAREAR. Subirle el precio a algo.

CARNAVAL. Automóvil marítimo.

CARRETERA. Mujer que vende carretes.

CARTERISTA. El que arregla el cárter del coche.

CARTELERA. Vehículo donde transportan el pan blanco.

¡CASPITA! ¡Pólvito blánquito en la cabécita!

CASTILLO. Jovencillo limpio y puro.

CATACLISMO. Deporte que se practica en la bicicleta de Catalina.

CATRES. KKK.

CAVERNICOLA. Pequeño excusado al que no le cave casi nada.

CELIBATO. Pito de los árbitros solteros.

CELOFAN. Aficionado a los celos.

CELULITIS. Inflamación por el uso del celular.

CEMENTERA. Me dan información. (Ver setentera.)

CEMENTERIO. Jugadior del Cruz Aziul.

CENIT. Alimentit de la nochecit.

CENTIMETRO. Lo que ciente la novia en su luna de miel.

CENTIPEDOS. Lo que experimenté después de comer un plato de frijoles.

CENTRIFUGAR. Escapar por el centro de la cárcel.

CENTURION. Objeto para que no se te caiga el pantalión y no se te vea el calzión.

CARTELERA

CERILLA. Fósfora para prender cigarras.

CHABACANA. Mujer joben de cavello vlanco.

CHABACANO. Apócope de Salbador Cano.

CHACHAREAR. Meterse con la chacha.

CHAMPAÑA. Objeto que uchan en las iglechias y que hache chalán, chalán.

CHAMPURRADO. Atole con acondicionadores que te dejan el cabello suave y sedoso.

CHAPOTEAR. Apoyar al Chapo Guzmán.

CHARLESTON. Traducción de Carlospiedr.

CHAVETA. Nombre afectivo de Isaveleta.

CHAYOTE. Nombre afectivo de Rosariote.

CHELIN. Cerveza pequeña, cervezín.

CHICHICUILOTE. Ave parecida al pavo de doble pechuga.

CHICHIMECO. Palabra de extracción rusa.

CHINAMPA. Mafia oriental.

CHINCHILLA. Auchenchia de un lugar donde chentarche.

CHIPOTE. Enorme cápsula de circuitos integrados.

CHISMEAR. Pleonasmo urinario.

CHOCOLATE. Suposición. *Me late que estrelló su automóvil ilegal.*

CHORLITO. Animal que estaba allá en la fuente, que se hacía grandote y se hacía chiquito y que estaba de mal humor.

CHAMPAÑA

CHICHI CUILOTE

CLARA BOYA

COBI JONES

COL CHONES

CHUBASCO. Pariente español de Chewbacca.

CHULETA. Tu hermaneta.

CIENCIAS Centenar de compañías.

CIGARRERA. Criadora de cigarras.

CINC. 4.9999999999999999999999999999999999.

CINISMO. Desvergüenza de los productores y los directores de cine.

CIRCUITO. Donde trabajan payasuitos y enanuitos.

CISTICERCO. El que sigue después del cerco *fiftinine*.

CIUDADANO. Parte trasera de una urbe.

CLANDESTINO. Futuro de una tribu.

CLARIN. Instrumento de viento casi, casi blanco.

CLAUDICAR. Renunciar a Claudia.

CLIPER. Delcín que cilmó varias películas.

CLOROFILA. Ropa deportiva resistente a los blanqueadores.

COARTADA. Heridoa.

COBIJONES. Jugador del Galaxy de Los Angeles.

COLABORA. Lo que depositaba Milutinovic en la banca de la selección mexicana.

COLCHONES. Calzón que en vez de ser para las colas es para las coles.

COLECTOR. El que va junto al que va leyendo el periódico en el camión.

COLEGA. Polvo adhesivo que ayuda a mantenel filme su dentadula postiza.

COMADREJA. Madrineja de mi hijejo.

COMBINACION. País donde sólo circulan combis.

COMENSALES. Gente a la que le encanta la cecina y el chamoy.

COMODINO. Dinosaurio parecido a la mascota de los Picapiedra.

COMPLEMENTA. Lo que hice pala que no me apestala la boca a sushi.

COMPRAMELOS. Adquiere un estraordinario antiácido.(Toma Melos o chupa Melos.)

COMO DINO

COMPROBABA para enlatarla y exportarla.

COMPROBAR. Adquirir una cantina.

COMPROMETEDORA. Adquirir un consolador.

CONCORDAR. Viajar en Concorde.

CONCUBINA. Mujer cubana que vive con un hombre en unión libre.

CONDESCENDIENTE. Señor con un hijo.

CONDONAR. Regalar preservativos.

CONGAS. Bebidas refrescantes sin gas.

CONJUGO. Desayuno americano.

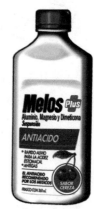

COMPRA MELOS

CONJUNTIVITIS. Inflamación de los ojos causada por ver grupos musicales.

CONQUISTE. Mujer con fibroma.

CONSOLA. Acompañada por nadie.

CONSOLIDANDOSE. Situación en la que está una pareja de recién casados en la playa.

CON SOLI DADOS

CRESTA

CONSUMAR. Playa.

CONTENDIENTES. Boxeador gringo a quien sólo le quedan diez piezas dentales.

CONTIGUO. Acompañuado por ti.

CONTRAIDA. Enemigos de una ópera famosa.

CONTRALORA. Enemigos rockanroleros del TRI.

CONTROLES. Sin taxis.

COPROPIEDAD. Misericordia por el excremento.

CORDON. Sustituto del condón.

CORONACION. País que canta.

CORRETEO. Cuando persiguen a Teófilo.

CORRESPONDIENTES. Dentista con prisa.

CORRESPONSAL. Orden de un cocinero a su ayudante.

CORRIOSO. Cuando persiguen a Yogi.

CORROBORA. Expulsión del entrenador de la selección nacional.

CORTESANO. Cirujano proctólogo.

CORTEZA. La Malinche.

COSTALAZO. Hijo de César y Gloria.

CREDITO. Credo chiquito.

CREDO. Crédito grande.

CREPUSCULO. Trasero en forma de crepa | Crepa en forma de trasero.

CRESTA. Pasta dentala.

CRIADERO. Agencia de empleadas domésticas.

CRIPTA. Novia del perrito de Supermán.
CRITICABLE. Programa de chismes que sale en Cablevisión.
CROATA. Sonido que hacen las ranas yugoslavas.
CROTALO. Papel higiénico de las serpientes.
CRUCEIRO. Intersección de calles brasileiras.
CUANTICO. Cántico de los patos.
CUARTETA. Mujer que puede alimentar simultáneamente a sus cuatrillizos.
CUATERNARIO. El más viejo de nuestros amigos.
CUBETA. Q β
CULERO. Adicto al Culeid.
CUITLACOCHE. Automóvil donde se transporta elote descompuesto.

CUARTETA

DADIVOSO. Papá de un payaso norteamericano.
DAMASCENO. Mujer de Damasco que alimenta generosamente a sus hijos y amantes.
DANZON. Hombre fuerte a quien le cortó el pelo Salila.
DARDOS. Pasar ambas, darlas.
D.D.T. Abreviatura del Departamento del Distrito Tederal | Poderoso insecficida.
DEBATE. Beisbolista jonronero.
DECADENTE. Persona a quien se le ha caído casi toda la dentadura excepto diez piezas. (Ver contendientes.)

DALTONICO

DECAGRAMO. Diez gramos.

DECAIMIENTO. Diez imientos.

DECAPITO. Superhombre.

DECAPITA. Robin.

DECIMAL. Pronuncié equivocadamente.

DECLAMATORIO. Lugar donde queman las declas.

DECREPITA. Anciana que prepara pequeñas crepas.

DEDICADOS ovadados sin fidtro.

DEFECTUOSO. Nativo del De Efe.

DEJASTE. La jora de México.

DELATA. Bebida que no viene en botella.

DELATORA. Perteneciente a la vaca.

DEMOSTRASTE. Proporcionar un utensilio de cocina.

DENUNCIO. Perteneciente al embajador del Papa.

DEPARA. Lo que dicen las tarjetitas que se les ponen a los regalos.

DEPORTADA. Demi Moore en pelotas.

DEPORTAR. Mandar de regreso a su país a los deportistas.

DEPOSITO. Agüita que se saca de un hóyito en la tiérrita.

DEPRAVADA. Clan al que pertenece una pájara pervertida cuando la expulsan de su parvada.

DEPRIMENTE. Cerebro que sólo piensa en el PRI.

DERRUMBA. Sinónimo de Ninón Sevilla.

DESABRIDO. Cerrado.

CARTA DELATORA

DESAIRAR. Desconectar el ventilador.

DESALMADO. Japonés a quien le quitaron pistolas y cuchillos | Lompecabezas.

DESALOJO. Que le atines con la resortera al órgano de la visión.

DESASTRE. Traje terriblemente mal confeccionado por un experto.

DESBARATA. Rebajar la mercancía.

DESMAYO. 1° de junio.

DESVANECER. Desaparecer las cosas en el desván.

DEVOTO(TA). Mujer que usa un zapato(te) muy altoto(te).

DINA MARCA

DEXTROZA. Hace pedaxos algo.

DIACRITICO. Veintiocho de cada mes.

DIADEMAS. Veintinueve de febrero.

DIEZMAR. Hermano mayor del siete mares.

DIFIERO. Roaaarrr.

DIGERIDO. ¿Me oíste?

DILEMAS. Hablale más.

DINA MITA

DILIGENTE. Empeladol, plesidente, plimel ministlo.

DIODOS. Las cedió, las dio.

DIOGENES. La embarazó | Sinónimo de gendarme.

DIPUTADAS. Habla como mariquita.

DISCORDIA. Pelea entre cantantes para ver quién saca primero su CD

DOS IS

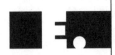

ECO LOGO

DISCREPAR. Odiar las crepas que otros aman.

DISLEXIA. Enderfemad qeu ahce doncunfir sla lertas.

DISPARATE. Lo que le dice un argentino al suicida.

DOCTRINA. Médico que canta como ave.

DOGMATICO. Cajero automático para perros norteamericanos.

DONAIRE. Especie de pan inflado con un hoyo enmedio | Apodo de un catrín flatulento.

DONATIVO. El gran señor de la isla.

DOPAR. Dodó.

DOS. Primera nota musical primera nota musical.

DOTE. Primerota notota musicalota.

DUODENOS. Nono.

EBANO. Adansí.

ECTOPLASMA. Emanación material del alma de Ector.

ECUANIME. Persona que tranquilamente resuelve una ecuación.

EDITANDO. Andar con Edit.

EDUCAR. Automóvil de Edward.

EJOTE. Un gran ejo.

ELECCION. Lo que expelimenta un oliental al vel una película polno.

ELECTOR. Nombre con el que se conoce a un comediante de apellido Suárez.

ELECTROCHOQUE. Accidente de dos coches que venían como rayo.

ELECTRODOMESTICO. Mi perrito llamado Chispa.

ELEFANTE. Persona con distinción y porte.

ELEGANTE. Mamígero de trompa larfa y piel rufosa.

ELISEO Franco Mexicano.

ELITE. Elote que sólo se sirve en banquetes de la alta sociedad.

ELOTE baldío.

EMANA. La ota ija de mi amá y mi apá.

ENANO. Supositorio.

EMBARNECER. Ponerse como Barney.

EMBRAGAS. Mujer que sólo trae pantaletas.

EMBUSTERO. Brassiere grande en donde se pone un busto pequeño.

EMPACA. Guardar huesos en una finca llamada El Encanto.

EMPAÑA. Pone el pañal.

EMPAPADA. Lugar donde te pones la corbata.

EMPAPADO. Puesto en el que está Karol Wojtyla.

EMPEINE. Piojo.

ENARDECER. Dotar de nardos.

ENCIA. Estar en la Agencia Central de Inteligencia.

ENCICLOPEDICO. No poder dejar de beber alcohol; también llamado círculo vicioso.

EMPEINE

E PISTOLA

ENCINTA. Una de las formas en que puede escucharse a una cantante.

ENCLAVE. Mensaje secreto.

ENDOSCOPIO. Me preparo para todos mis exámenes excepto para dos.

ENGRANADA. Lugar de España en donde vive mi tía la que tiene acné.

ENLOQUECEDORA. Sartén con aceite.

ENMASCARAMIENTO. Digo mentiras cuando me pongo una máscara.

ENOJO. Lugar donde salen las chinguiñas.

ENREDO. Canción que se canta en esas dos notas.

ENRIQUECER. Pequeño cer que está en el vientre de quien será la mamá de Enrique.

ENRIQUECERA cuando lo bauticen.

ENRIQUECERIA. Tienda de quesos de Enrique.

ENRIQUECEDORA. Lo que hace Enrique cuando va a la playa.

ENRIQUECIDA. Enfermedad contraída por Enrique por andarse tirando al sol y a las turistas en la playa.

ENSANCHO. Persona en quien recae la atención de la esposa.

ENTREMES. Día quince.

ENTRETENEDOR. Residuo de comida que se queda en el cubierto.

EPOPEYA

ENVERGADURA. Lugar donde se ponen los condones.

ENVIDIO. Formato en que se graban las películas.

EPOPEYA. Novia de Eolivo y que come espinacas.

EQUINOCCIO. Caballo mentiroso de madera creado por Geppetto.

ERMITA. Erma pequeña.

ERUDITO. Erudo pequeño.

ESCALADORA Black and Decker.

ESCALPELO. Polvo blanco para la cabeza.

ESCENA. Pan dulce y café con leche.

ESCOBA. Utensilio de barro.

ESCRUTINIO. Revisar el escroto.

ESCUALIDO. Tiburón muy flaco.

ESCURRO. No es Armillita.

ESGUINCE. Uno más que gatorce.

ESLABON. Gigante nacido en Eslobenia.

ESMALTE. El planeta que plecede a Júpitel.

ESMERIL. Pulir algo con esmero.

ESPECIALISTA. Condimento como clavo, pimienta o azafrán a punto de ser servido.

ESPECULO. Mirarse el trasero en el espejo.

ESPECULACION. Dar nalgadas a un espectro.

ESPUELA. Centro de estudios para charros.

ESQUIVAR. Hacerse a un lado cuando viene un esquiador | Var para esquiadores.

ES CUCHO

ES PATULA

ES TOPA

ES TRI DENTE

ESTANDARTE. Arte de montar un estand.

ESTEREOTIPO. Hombre que desciende del monoaural.

ESTERNON. Falta de pareja de Ester.

ESTAMPIDA. Cromo que intercambian los niños; suelen ser de búfalos o elefantes.

ESTOPA. Mamá de Gigio.

ESTRAGOS. Glup, glup, glup.

ESTRIDENTE. Arma del diablo.

ETEREO. Apaato paa escuchá música.

ETERNIZAR. Dormir a alguien con éter.

ETICA. Sucursal de la ETA en Cuba.

EXALTA. Basquetbolista a quien le amputaron las piernas.

EXHIJA. Huérfana.

EXONERACION. Ser contratado por la compañía Exxon.

EXPEDITO. Adolescente que sufre la cruda.

EXPLAYAR. Regresar de Acapulco.

EXPONENTE. Don Juan a los 75 años.

EXPRESO. Aldape Guerra.

EXTINTO. También Aldape Guerra.

FANTASEAR. Limpiar un refresco de naranja.

FARMACODEPENDIENTE. El que atiende una farmacia.

FEHACIENTE. Antónimo de bhonita no ciente.

FERMENTAR. Recordar a la mamá de Fernando.

FESTEJADO. Techo impermeabilizado con Fester.

FETO. Alferto.

FILATELICO. Tela con que se hacen las prendas Fila.

FILOSOFIA. Apócope de Filomena Sofia.

FISCO. Aguas fescas en polvo.

FITOPLANCTON. Hacer esperar a Fito.

FLATULENTO. Que se los echa despacito.

FORNICAR. Auto perteneciente a un fornido.

FORTIN. Catorce en inglés.

FOTOSINTESIS. Pasante de foto.

FRACASADO. Traje con cola que usa el novio en la boda.

FISCO

FRANCACHELA. Cerveza francesa muy sincera.

FRANQUEABLE. Petición para que el dueño del conejo Blas dé un discurso.

FRENETICO. Delirio por frenar.

FRIOLENTO. Poca velocidad al freír.

FRITANGA. Pequeño traje de baño con el que da frío | Calzón gratis.

FULANO. Estreñimiento por comer *fast food*.

FUNDAMENTAL. Sombrero o gorrita.

FUTUROLOGO. Doctor de la delantera que ve tu porvenir.

GAITA. Sirvienta escocesa.

GALAPAGOS. *Smoking* o frac a crédito.

GALERON. Gigante nacido en Gales.

GALICISMO. Temblor en Galicia.

GALOPAR. Dos franceses.

GALVANIZADA. Casada con Galván.

GARNACHA. Nalga en forma de sope.

GARRAFON. *Hot line* donde te contestan mujeres muy feas.

GAZNATE. Lo contrario de perzdite (ej.: *Gaznate el concurso de dislexia).*

GELATINA. Séptima letra del abecedario en latín.

GENDARME. Proporcionarme tus genes, sinónimo: Diógenes.

GESTICULO. Hacer muecas con las nalgas | Tlándula tenital que produce espermatozoides.

GLOBULOS. Especie de pelótulas infládulas con aire.

GLOSARIO. Lo que se reza cuando se muere un libro.

GONGORA. Mujer que toca el gong.

GRANDEMENTE. Locote, demente de gran tamaño.

GRANDIOSA. Diosota.

GRANIZADA. Erección muy muy grande, izada sensacional.

GRANOLA. Lo que les encanta a los surfistas.

GRAVITA. Pequeña grava que flota en el espacio.

GLOBULOS
BLANCOS

GLOBULOS
ROJOS

GREMIO. Palardón.

GRUYERE. En Francia, hombre encargado de llevarse los coches en grúa.

GUARDACOSTA. Guardaespaldas de César.

GUSTOSO. Expectoración de Gus.

HABILITA. El más pequeño de la familia Hábila.

HABITACULO. Pequeña haba con forma de asentadera | Lugar donde viven las hemorroides.

HACENDADOS. Fabricantes de pequeños cubos con caras numeradas del uno al seis.

HAZNOS. Vurros.

HECTOMETRO. Transporte subterráneo de Héctor.

HERTZIANO. Hombre al que le gusta rentar autos.

HIELERA. Lugar donde se guarda la hiel.

HILERA. Señora que vende hilos.

HILVAN. El Terrible (1530-1584) El prhimero en tomar el título de zar.

HINOJOS. Lo que hacen las Marías cuando no las dejan vender naranjas en el zócalo.

HIPISMO. Que sufre de hipo.

HIPOTECA. Lugar donde bailan los hipopótamos.

HIPOTETICA. Mujer con senos como de hipopótamo.

HOJALATA. Atar un hojal en vez de coserlo.

HOMICIDA. En beisbol, dícese del *catcher* que mata al que está en *home*.

HIPO TETICA

HORMONA. Hoja do mi modre y do mi podre.
HOSPEDAR. Emborrachar al mago de Hos.
HOSPEDERO. Persona que le anda echando bronca a sus huéspedes.
HOSPITALIDAD. Buen trato en una cirugía.
HOTELERA. Telera very caliente.
HOYITO. Pequeño día de hoy.

IGUALADO. Nativo de Iguala, Guerrero.
IMBECIL. Persona que lee definiciones estúpidas en vez de aprovechar mejor su tiempo.
IMPUNE. El típico que nadie se echa.
INALIENABLE. Que no se puede convertir en alien.
INCANDESCENTES. Que arrodillan a personas honestas.
INCASABLE. Espada peruana.
INCANSABLE. Indio peruano que nunca se agota.
INCAUTO. Carro de los indios peruanos.
INCENDIARIO. Viejito que va todos los días al INCEN (Instituto Nacional de la Cenectud).
INDEPENDIENTES. Cosas que el Instituto Nacional del Deporte (INDE) tiene por hacer.
INDICAR. Automóvil de la fórmula Indi.
INDESCRIPTIBLE.

INDI CAR

INDIGESTION. Trámite que solicita un indio.
INDONESIA. Se aplica a aquellas vendedoras de chiles que no entienden razones.
INEFABLE.

INESTABLE. Mesa norteamericana de Inés.
INFRACTOR. Persona que está por debajo del actor; actriz.
INSURRECTO. Lugar donde se aplica il supositorio.
INTENDENCIA. Lugar donde se juegan los videojuegos intendo.
INTERESADA. Cuando Teresa le hace la barba a su jefe.
INTERPOLACION. Convertirse en policía de la Interpol.
INTRIGADO. Persona muy metida dentro del negocio del trigo.
INVERNADA. Inversión que no deja dividendos| Banco de la ilusión.
IRAQUI. Venir| Expresión de los nacos para que voltees a verles su "dese".

INVISIBLE

JACAL. Animal depredador parecido a una casucha.
JABALINA. Especie de puerca muy aventada.
JADEAR. Buscar jades y piedras preciosas.
JAQUECA. Quesadilla risueña.

JUANETE

JARDINERA... lo que ahora es patio.

JAROCHO. Jar, jar, jar, jar, jar, jar, jar, jar.

JOCOQUE. Apócope de José Jorge(ej.: Jo Jocoque Falcón).

JOVENZUELO. Pavimento recién asfaltado.

JUANETE. Extraterrestre bautizado en México.

JUGUETE. Despectivo de jugo.

JULIANO. Trasero de joven torero español.

JURAMENTAR. Prometer recordar a la madre de otro.

KABUKI. Camello japonés.

KEROSENO. Expresión de un bebé hambriento y de muchos caballeros adultos no necesariamente hambrientos.

LACAYO. ¡Shhhhhhh!

LADILLA. Compañilla de larga distancilla que da muchos problemillas.

LADRILLO. Sonido rojizo que emiten algunos perros.

LAMBDA. Undécim letr del alfbeto griego que inspiró el baile prohibido.

LAMBISCON. Borrego norteamericano con severo problema de estrabismo.

LAMENTABLE. Limpiar con la lengua una mesa hecha en E.U.

LAMBISCON

LAMENTAMOS. Tata ta ta ta.

LANCHA. Antónimo de langosta.

LANGOSTA. Antónimo de lancha.

LAPIDA. Piedla que se pone a toda velocidad soble las tumbas japonesas.

LARINGITIS

LARINGITIS. Inflamación del chocolate.

LASTIMARON, les dijeron que nomás la puntita.

LASTRES ¡Ya se pasó la hora de comer!

LATIA. La hermana de mi mamá.

LATIN. Lata pequeña.

LATOSO. Cof, cof, cof.

LETRINA. Sonido que un pajarito le hace a su dueño.

LAUREADO. Aclamado por Laura.

LEOTARDO. Nacido el 20 de agosto a las 23:59 hrs.

LIBRETOS. Toser cuando se te da la gana.

LICITO. De piel suavécita.

LIMITO. Lihago igual que él.

LINCE. Animal que le sigue a otros latorce.

LINDERO. Lugar donde hay mujeres lindas.

LIRON. Lira grande.

LITERALMENTE. Cerebro en forma de litera.

LLANTO. Llanta sin hoyo.

LOCALES. Lo pruebas.

LONGANIZA. Aniza muy larga.

LOQUERA. Lo que no es y no será.

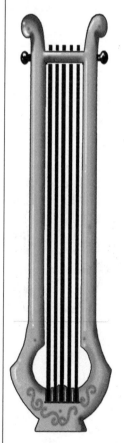

LIRON

LOSETA. Los que militan en la organización separatista vasca.

LUCIFER. Acrónimo de la compañía Luz y Ferza.

MACARRON. Baile más movido que la Macarena.

MADRILEÑA. Madriza dada con pedazos de madera.

MAGAZINE. Mujer que sale haciendo magia en las películas.

MAGNATE. Hombre que tiene suficiente dinero como para pagar la gasolina Magna.

MAGNETO. Nombre artístico del Mago Ernesto.

MALETA. Terrorista vasco que no sabe poner bombas.

MALICIA en el país de las aravillas.

MALTES. Día anteliol al mielcoles.

MAMADERA. Proproducto dedel arárbol.

MANADA. Seguidores del grupo Maná.

MANAGER. Representante del grupo Maná (hasta el día de ayer).

MANAGUA. Perro del grupo Maná.

MANCEBO. Carnada que se pone para atraer a un gringo.

MANCHON. Trusa norteamericana para hombre.

MANDARINA. Mujer encargada de enviar la arina.

MANGUERA. Mujer que arregla mangas.

MANIFIESTA. Reventón de cacahuates.

MANIVELA

MANTECA. Caballero azteca en inglés.

MARCHITA. Manifestación de no más de 10 personas.

MARGARITA. Caseta de vigilancia en el océano.

MARIGUANA. Iguana de mar.

MARIONETA. Verdad absoluta de Mario.

MARRANA. Rana que no se da en río sino que se da en el mar, y se da por todos lados, por eso es marrana.

MATUTINO. Hijo del oficial Matute.

MAUSOLEO. Ratón de aceite.

MAYORDOMO. Someter a un militar con una silla y un látigo.

MEA CULPA. Confesión de haberse orinado.

MATUTINO

MEDIUM. Persona que habla con los espíritus a la que le aprieta la ropa *small*, y le queda grande la *large*.

MEJILLON el del puro.

MELANCOLICOS. Explosión de la mujel que siente lololes cala 28 lías.

MENOSCABO. Es casi, casi todo el ejército.

MENOSPRECIO. Gran barata.

MENSULA. Tóntula, babósula.

MENTALIZAR. Ponerle menta a algo.

MENTON. Persona que no respeta a las madres de los demás.

MEOLLO. Meescucho.

MERIDIANO. Nativo de la capital de Yucatán.

MERMELADA. Que ocasione merma en las llamadas de larga distancia.

MESON. Mes de 31 días.

MESURA. Mes de 28 días.

METABOLICO. Michael Jordan.

METATARSO. Convencer al productor de que contrate a Ignacio López.

METEORO. Raúl en Suiza.

METICULOSO. Supositorio.

METROPOLIS. Guardianes del orden que trabajan en el tren subterráneo.

MEZQUITA. Zuprime zeptiembre.

MINISTERIO. Pequeño aparato steriofónico.

MINISTERIO

MINUSCULO. Chiquito.

MINUTA. Sesenta segundas.

MILAGROS. Lo que se necesita en el campo.

MILITANTES. Expresión que se usa cuando hay más de mil.

MISTICOS. Costarricenses de mi propiedad.

MODERADA. Anglicismo de Mamá Ada.

MODERNIZA. Madriza en inglés.

MOJIGATO. Bañar al felino.

MOLESTAR. Estrella de los moles en norteamérica | Estar en un *mall*.

MOLESTIA. Tía poblana que prepara moles.

MONASTERIO. Aparato asteriofónico monaural.

MONITOREADO. Ponerse falda sin calzones.

MONITOREO. Actividad que se lleva a cabo en la Monumental Plaza de Simios México.

MONOGAMO. Gamo con cara de chango | Chango con cara de gamo.

MONOPOLIO. Poliomelitis en el mono.

MONTEVIDEO. Lugar en la sierra en donde se rentan películas uruguayas.

MOSCATEL. Numero telefónico de información para localizar moscas extraviadas.

MOTIN. Minimoto.

MOTOCICLISTA. Drogadicto que anda en bicicleta.

MUCHACHA. Cha, cha, cha.

MOJIGATO

NACARADA. Naca brillante.

NAVOJOA. Especie de cuchilloe que sirve para hacer coartadas.

NEGLIGENCIA. Agencia donde venden negligés.

NERVIOSISMO. Lo que se siente durante un temblor.

NEWTON. Nueva tonelada.

NICOTINA. Bañera de Nicolás.

NITRATO. Apatía por hacer algo.

NIVELA. Oscuridad total.

NOGALES que descobigas | Ciudad antagónica de Gales.

NOPALITO. Abstinencia sexual.

NOVELERO. Barco con motor.

NUDISTA. Persona que hace nudos.

NUEVAMENTE. Cerebro sin usar.

NUTRIOLOGO. Persona que alimenta nutrias.

OBJETAR. Ponerse muy objete.

ODA. Atrimonio o asamiento.

OFIDIOS. Ser supremo de las oficinas.

OLIMPIA o se queda sucio.

ONDEANDO. Ontoy.

ORACULO. Hoy lo hacemos diferente.

ORATORIO. Lugar en donde viven los orates, manicomio.

ORNITORRINCO. Marca registrada de un pequeño orno.

ORTOPEDICO. Un problema más.

OSAMENTA. Plantígrada de sabor refrescante.

OSTION. Lo que le dieron a Gulliver en su primera comunión.

ORNITO RRINCO

PACHANGAS. Fiesta pa´ primates hembras.

PACHON. Tela de algodón pa´ hacer calzones.

PAISAJISTA. País consumidor de ajos.

PALADEAR. Lastre que se pone de un solo lado de la lancha.

PALIDUCHO. Ducho con el palo.

PALMIPEDO. Gas que se echan las palmeras.

PALOMEAR. Orinar sobre la madera| Hacerse al amar.

PAMPLINA. Niña de Pamplona.

PAMPLONA. Pamplina adulta.

PANDERO. Cuidador de pandas.

PANCARTA. Bolillo de amor que le escribes a tu novia para que se lo trague todo.

PANDEMONIUM. Cuernitos hechos con pan de muerto y rellenos de jamón endiablado.

PAPADO. Esposo de la Mamá Ada.

PAPAGAYO. Esposo de Mamá Gayina.

PAPELON ¡Bermúdez!

PAPILA ¡Rayovac!

PARABOLAS las de tu hermana.

PARACHUTES ¡los de Hugo Sánchez!

PARADERO. Cabaret con *table dance*.

PARASITAR. Agenda de la cecretaria.

PARAGUAYO... el perro.

PARDOS. Pleonasmo.

PARKINSON. Enfermedad que consiste en el deseo de estacionar automóviles.

PARRICIDIO. Ponerle fin a la parranda.

PARTICHELA. Fiesta donde sólo sirven beer.

PARTOS. Cof cof.

PALMIPEDO

PASCUAS. Dos trancazos de Batman y Robin.

PATENTADAS, las que doy en el metro.

PATENTAR, las de tu hermana.

PATINETA. Lo que dice la tarjetita del regalo de Ernesta.

PAVOROSA. Guajolote de color femenino.

PEDAGOGA. Cantina judía.

PEDANTES. Botana que se sirve previa a los tragos.

PEDIATRAS. Hombre que le gusta ir a la cola.

PEDICURISTA. Señora que vende chilaquiles.

PELIGROSO. Engrosamiento del cabello | Antónimo: peliagudo.

PENALTY. Eso sí quién sabe que sea. Los mexicanos no tenemos la menor idea de qué es.

PERDIZ. Por lo menos. Al menos: *"de pérdiz una gallina".*

PERGAMINO. Pariente italiano de perengano.

PERICIA. Destreza para comer peras.

PERITO. Pero pequeño. Ligero inconveniente.

PERITONITIS. Inflamación del especialista.

PERUANO. Parte posterior del Perú.

PIGMENTAR. Recordarle su *mother* a un cerdo.

PING-PONG es un muñeco muy guapo y de cartón, se lava la carita con agua y con jabón. Se desenreda el pelo con peine de marfil y aunque se dé tirones no llora ni hace así. Cuando come la sopa no

PERITO

ensucia el delantal, pues come con cuidado parece un general. Cuando las estrellitas empiezan a brillar Ping Pong se va a la cama y se acuesta a descansar. Ping Pong dame la mano con un fuerte apretón, pues quiero ser tu amigo, Ping Pong, Ping Pong, Ping Pong.

PIOLA. Mamá de Piolín (y parte del papá de Piolín).

PIPORRO. ¡3.1416, 3.1416, ro, ro, ro!

PISTACHE. Autódromo en forma de ache.

PISTON. El del autódromo Hermanos Rodríguez.

PIYAMERO. 3.1415

PIZZICATO. Sirviente encargado de entregar pizzas.

POLIGAMO. Que anda con muchos policías.

POLINESIA. Mujer polisía que no entiende razones.

POLIZONTE. El que viene después del bisonte y el trisonte.

POMPIDOU. Doble nalga.

PREDIAL. Lo que le puso Graham Bell al teléfono antes de ponerle lo que le puso.

PREMIAR. Bajar el *zipper*.

PREMISA. *El Señor esté con vosotros.*

PRETENDER. Exprimir la ropa.

PREVENIDO. Acabar antes que tu pareja.

PRIMA DONNA. Hija de mi tía Concha.

PRIMORDIALES. Hijo del tío Ordiales.

PROFANO. Hermano de mengano que no respeta la religión.

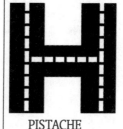

PISTACHE

PUCHERO. Doctor especialista en ginecología.

PULPITO. Tribúnita en la iglésita con ocho tentacúlitos.

QUECHUA es Puebla, qué linda, quechua es Puebla.

QUELITE. Conjunción baja en calorías. Sinónimo: DietQue.

QUESERA. Frase que hizo famosa José Feliciano.

QUEVEDO. Saludo juvenil: *"¿qué vedo contigo?"*

QUETZAL. Tzaludo entre los guatemaltecos. Sinónimo: *"¿cómo etztáz?"*

QUICIO. Deció, anhelió.

QUIJOTE. Expresión de sorpresa al ver cómo ha crecido tu hijo.

QUIMONO. Expresión de sorpresa al ver cómo ha crecido tu hija.

QUIROMANTICO. Expresión de una muchacha al escuchar un poema de los labios de su amado.

RAID. Llevarse a uno de mosca.

RAMALAZO. Lazo que se pone en las ramas y que también se puso Tarzán cuando se cayó.

RANURA. Orificio muy estrecho por donde se reproducen las ranas.

RAPSODIA. Aborrecer los raps.

RAPTORA. Vaca que canta rap.

REACTOR

REACTOR. Muy buen actor | Reactor nuclear: Lee Majors en el papel de Steve Austin.

REANUDAR. Volver a hacer nudos.

REBELDE. Colol belde plofundo.

RECETA. Z z z z z.

RECHAZO. Golpe dado con un recho*.

REMATES. Lo que hicites ora que fuites al lago de Chapultepec.

RENO. Auto francés usado por Santa Claus.

RENUNCIO. Reembajador del rePapa.

REPARTO. Dar a luz gemelos.

RESBALA. Vaca que habla como oveja.

RESBALON. Pelota de cuero.

RESPINGA. Organo reproductor de los toros.

RESPIRADA. Enfermedad de las vacas locas.

RESTAURO. Pleonasmo. Vaca nacida entre abril 21 y mayo 20.

RESURGE. Anuncio de una vaca solterona.

REZAGA. Muy calzonudo.

ROBOTICO. Hurto costarricense.

ROCOCO. Especie de rock francés muy adornado.

ROMPOPE. Destruir una pe.

RUANA. Anfibio tejido sudamericano parecido al suapo.

RUINA. Mujer despreciable, esposa del ruin.

*RECHO. No ché que ech echo

RE BELDE

RES PETO

SABATINA

SABATINA. Toalla femenina que se usa después del viernes y antes del domingo.

SACARINA. Persona encargada de sacar la arina de la panadería. (Ver mandarina.)

SALAMANCA. Conjunto de sillones sin brazos.

SALDAR. Pasar la sal.

SALPICA. Chamoy en polvo.

SANDUNGA. Santo de los futbolistas brasileños.

SANTURRON. Santo de los dulces de almendra.

SAPIENCIA. Sabiduría de los sapos.

SARCOFAGO. El que se come a sarco.

SARDINAS. Pez gordo que vive en Irlanda.

SARDINERO. Moneda del Sar usada para comprar sardinas.

SASTRES. Sas, sas, sas.

SATISFECHA. Día en que se celebra a "La Satis".

SAUSALITO. Ciudad norteamericana donde se produce el tequilita.

SECUELA. Lo que se hace con la nata de la leche.

SEDANTE. Tela 50% seda, 50% ante.

SEGMENTO. Sugstancia para pegar ladrillos.

SEMILLERO. Mitad de un llero.

SEPELIO. Resultado de ser pelionero.

SEPULCRO. Orden que le da la mamá al hijo sucio.

SANDUNGA

SEQUITO. Grupo que viene acompañando a alguien y que se hace a un lado para no mojarse.

SERENATA. Lo que dice la leche cuando se queda afuera del refrigerador.

SETENTERA. Te dan la información. (Ver cementera.)

SEXTETA. Escote muy sexy.

SICODELICO. Condón de colores.

SICOLOGIA. Ciencia que estudia los condones.

SICOPATA. Calcetín de hule.

SICOPATIAS. Condones pa´ las hermanas de mi papá.

SIDERAL. Refresco espacial de manzana.

SILVICULTURA. Nivel educativo de Silvia.

SIMBOLO. Bautizo de regiomontanos.

SINCERO. 974, 326, 158.

SINCOPES. P, P, P, P, P.

SINTAXIS. Ciudad con escasez de transporte público.

SIQUICO. Lo que le dijo "el chavo" al hijo de doña Florinda.

SIUX. Seis indios norteamericanos.

SOBRELLEVAR. Trabajar de cartero.

SOLDADO. Astro Rey con seis caras y puntitos en cada una.

SOLVENTE. Lo que le dice la Luna al Sol durante un eclipse.

SOPESAR. Pesar sopes.

SOL DADOS

SOR PRESA

SUBARRIENDO. Que ascienda con buen humor.

SUCULENTO. Platillo japonés que tarda mucho en prepararse.

SUDAMERICA. Transpiración de equipo de futbol.

SUFRIDA. Esposa de Diego Rivera.

SUGERENTE. Jefe de su oficina que viste muy sexy.

SUMISION si decide aceptarla, es bajar la cabeza.

SUPERCHERIA. Lugar donde usted compra percheros.

SUPERVISION. Ojos de Clark Kent.

TABERNACULO. Parte posterior de la taberna.

TABURETE. Despectivo de tabú.

TACITA. Vasijita pequeña para tomar cafécito.

TACOMETRO. Taco preparado con una tortilla de 100 centímetros de diámetro.

TACTICO. Sonido que hace un reloj que camina en reversa.

TALADRAR. Tirar árboles con sonidos de perro.

TALENTO. No´tá rápido.

TALLADOS. Una talla menos que la tres.

TANGENTE. Hombre muy amable.

TANGIBLE. Agua a la que se le puede poner Tang.

TARSO. Papá de Tarsán.

TARTAMUDO. El que come pastel sin decir nada. Sinónimo: comesolo, envidioso.

TAXIDERMISTA. El que pone vestiduras de piel a los taxis.

TEDIOSO y me lo mataste a puñaladas.

TEHUANO. Infusión hecha a base del estiércol de ave de Tehuantepec.

TELEPATIA. El aparato de televisión pa´la hermana de mi mamá.

TELON. Televisión de 50 pulgadas o más.

TENTACULO. Pasajero del Sistema de Transporte Colectivo. (Ver patentadas.)

TERMITA. Pequeña recipienta para mantener los líquidos fríos o calientes.

TERMO. Papá de las termitas.

TETANO. Expresión del bebé al sentirse satisfecho.

TIGRILLO. Ti invento chismes in il trabajo pa´ qui ti corran.

TIMON. Timo gigante como el que se hizo con el FOBAPROA.

TINGA. Pomada para el pie de atleta femenino.

TIOVIVO. Pariente que puede dejarnos una herencia, pero que nada más le da vueltas al asunto.

TOMBOLA. Lo que la vida es.

TOLERO. Almillita.

TOPOGRAFO. Dibujante de topos.

TOTOPO. Mamamífero ciciego dede pepelo nenegro que cocome frifrijoles.

TINGA

TRAJIN

TRIPOLI

TRAJIN. Traje para menores de 10 años.

TRANSATLANTICO. Banco que hacía transas

TRAPIO. Acción de trapiar.

TRAQUETEO. Movimiento de la tráquea al pasar la comida.

TRASLAPAR. La non.

TREPANADA. Persona que no sube a ningún lugar| Competencia de alpinismo y natación.

TRIBU. Bu, bu, bu.

TRIGONOMETRICO. Grano no mayor de 99 cm.

TRIPARTITA. Intestino un poco harto.

TRIPTONGO. Viaje que se hace de E.U. a Africa.

TRIVIAL. Avenida no de doble sentido, sino de triple.

TROMBON. Instrumento que se toca con la tromba.

TUBERCULO. Expresión de los apaches cuando alguien los beía desnudos.

TUMULTO si te pasas un alto.

TUNANTE. Comedor de tunas.

TUNICA. Unica nica de tu propiedad.

TUTELA. Material textil con el que haces tu ropa.

UFANO. El más orgulloso de la familia de sutano, mengano y perengano.

UNGÜENTO. Lo que le güenta el esposo a la esposa guando llega tarde.

UNIVERSO. Verso solitario.

URBANO. El más citadino de la familia de sutano, perengano y ufano.

UTERO. Urdel. Rostíbulo.

VACACIONES. Temas musicales que cantan las vacas.

VALENTON. Hombre que no va muy rapidón.

VANDALO. Hermano malvado de Jean Claude Van Damme.

VAPOROSO. Osa que va a un bar de solteros.

VASINICAZO. Cuando asistes a un lugar y no te pelan (por eso mucha gente cree que es sinónimo de Delegación).

VATICANO. Vruno Díaz con cavello vlanco.

VATICINIO. Matar a Vat man.

VATIO el de mi casa es varticular.

VENERAR. Contagiar enfermedades venéreas.

VENIDERO. Hotel de paso.

VENTARRONES. Oferta de bebidas de caña.

VERGONZOSO. Hombre muy bien dotado pero sin chiste.

VERICUETO. Gringo muy borracho.

VERSICULO. Verso compuesto con las nalgas| Pedo rimado.

VERTEBRA. Observarte a través de tu blusa transparente.

VACANTE

VILLANCICO. Pequeño villano cubano

VIOLONCHELO. Tremenda violada a Consuelo

VISCOSIDAD. Grado de enfermedad de un visco

VISITA. Pequeña visicleta | Visa para enanos

VIVERES. Más de un víver

VOLTEAR. Ponerle muchos volts a algo

YODO. Cuando me salen lágdimas pod los ojos

YOGA. Esposa indú del oso más famoso

YOYO. Propronombre perpersonal

YUGO. Madero que se coloca en la cabeza de los bueyes para exprimirlos

ZAMBOMBA. Instrumento explozivo del tío Zam bautizado en Hirozhima

ZAMBO. Inztru Exploz del tío Zam bautiz en Hirozh

ZAPOTECA. Lugar donde puedes consultar a los zapos

ZARANDEAR. Andar con Zara

ZARPAZO. Lo que da el Zar al caminar

ZAMBOMBA

ZARZUELA. Parte de abajo del zapato del Zar con el que da el zarpazo

ZIZAG. Ruido que hace un reloj español

ZUMO. Lucha japonesa hecha a base de limones gordos

ZAPOTE

ZOTEHUELA. Jabón perfumado para lavar

• SPANGLISH -INGLAÑOL

•METODO: **"COMO USTED APRENDIO SU IDIOMA NATAL"**

Enseñar y aprender inglés no es fácil. Muchos maestros han diseñado métodos muy diversos. El que más me llamó la atención fue un teacher muy exigente... y me llamó la atención porque yo era muy distraído.

Uno de los métodos más exitosos para aprender inglés es el que está basado en la forma en que todos aprendemos nuestro idioma materno. Aquí reproduzco la primera lección de este método.

◦ LESSON 1 ◦

•SI UN BEBE DICE:	•ESTA ES LA TRADUCCION:
-cuña _____	-tengo hambre
-cuña _____	-tengo frío
-cuña _____	-tengo sueño
-cuña _____	-tengo dolor
-gu gu da da _____	-todavía no sé hablar
-ji ji ji _____	-estoy feliz
-ji ji ji ji ji ji _____	-estoy muy feliz
-burp _____	-acabo de comer
-buaaarrrp _____	-acabo de comer muchísimo
-sqüik, sqüik, sqüik _____	-soy mamón
-z z z z _____	-estoy dormido
-snorrr, snorrr _____	-estoy dormidísimo

*(Reproducimos sólo esta lección y únicamente del lado **izquierdo** del libro para no tener problemas con los **derechos**)

• METODO: **"HABLE EN INGLES CON PALABRAS EN ESPAÑOL."**

Este método es recomendable para la gente que no aprende inglés porque piensa que es difícil recordar nuevas palabras totalmente diferentes a las que conoce.

A continuación enumero sólo algunos ejemplos de las palabras y frases que demuestran que el inglés puede ser más familiar de lo que uno cree.

Al aprenderse esto en español ya conocerá muchas palabras en inglés.

- • ATE COMIO
- • DAME SEÑORA
- • DICES DADOS
- • FALLEN CAIDA
- • GRAVE SEPULTURA
- • LAMES COJOS
- • LATE LENTO
- • LIMES LIMONES
- • MALES MASCULINOS
- • MEAN VILES
- • MOLE LUNAR
- • PAGAR PAY

- • QUITE COMPLETAMENTE
- • ROBES TOGAS
- • ROLES PAPELES
- • SALE BARATA
- • SALVES POMADAS
- • SEA MAR
- • SOY SOYA
- • TALES HISTORIAS
- • TALLER MAS ALTO
- • TEN DIEZ
- • TAPES CINTAS
- • TENDER SUAVEMENTE

• Bonsai de la colección personal del chef y jardinero Armando Hoyos •

Es increíble cómo pueden meter un sauce en una botella tan pequeña.

•METODO: **"PRONUNCIE EN ESPAÑOL, HABLE EN INGLES"**

Para aquellas personas que son muy prácticas y que no les interesa aprender inglés, sino simplemente hablarlo, aquí hay unos ejemplos de frases que dichas de una forma sencilla y en idioma español, se traducen automáticamente al inglés.

•PARA DECIR:	EN INGLES:	PRONUNCIA:
-...Y luego esperé el tren	...And then	...Andén
-Anfibio estúpido, huiste rápido	Ran away	Rana güey
-Perdí a oscuras	I loose	Hay luz
-Trata de correr por tu bebida de caña	Try to run	Trai tu ron
-Yo, niño, me dirijo hacia allá	I, boy	A'i voy
-El niño cortó el trabajo de sus compañeros	Boy cut	Boicot
-De ninguna forma, imbécil	No way	No, güey
-¿Estoy parado sobre un juguete?	On toy?	¿ontoy?
-Ponte tu vestido de travesti	Put on	Putón

• METODO: **"TRADUCCION INTEGRAL SIMPLIFICADA"**

Este método permite traducir palabras y/o frases del español al inglés, y viceversa, automáticamente.

Para ello se toma una palabra cualquiera. Por ejemplo la palabra **"NET"**. NET en español es **"RED"**. RED en español es **"ROJA"**. Entonces **NET RED** significa **RED ROJA.**

NET↔RED
↕ ↕
RED↔ROJA

Tenemos otra palabra. Por ejemplo **"LLANTA"**. LLANTA en inglés se dice **"TIRE"**; TIRE en inglés se dice **"DROP"**. Entonces la expresión **DROP TIRES** en inglés se traduce como **TIRES LLANTAS.**

Ahora tenemos una expresión: **"UNA VEZ"**.

"UNA VEZ" se traduce al inglés **"ONCE"**. ONCE en español se traduce al inglés con la palabra **"ELEVEN"**. Entonces si decimos en inglés **ELEVEN ONCE** se traduce al español como **ONCE UNA VEZ.**

ELEVEN↔ONCE
ONCE↔UNA VEZ

Finalmente, y para no llenar al lector de ejemplos pensemos en la palabra **"WITHOUT"**.

WITHOUT en español es **"SIN"**; SIN traducido al español es **"PECADO"**. Entonces la frase **WITHOUT SIN** significa en idioma español **SIN PECADO**

WITHOUT↔SIN
SIN↔PECADO

Las flechas indican el sentido de la traducción tanto de la palabra como de la frase completa

•Logotipo del diseñador, rockero, biógrafo y lingüista
Armando Hoyos •

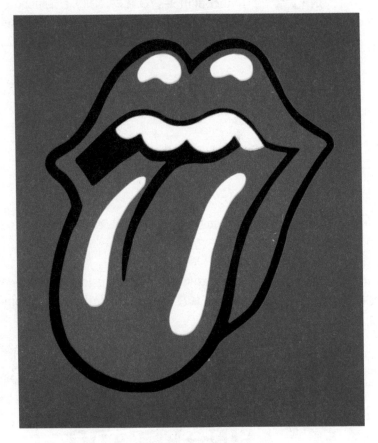

Labio grafía de Mick Jagger.

• POEM A

Hay poemas que a veces nos suenan incoherentes. No se preocupe por encontrarle sentido o chistes. Lea el poema completo y luego...

•POEMA

Doné mi vida. No te forcé a que te cases con ese
impostor no me times, dame amor,
Soy fan, soy tea ardiente...caí en tu red.

Es grave que me fallen pues me he avocado a
defender mi honor.

Ten, come pay de ate con puré envenenado...

Tal vez te mate, cave junto al sauce que mean
miles, tire tu cuerpo y luego tape ahí, donde more tu ser,
seas pan de gusanos y quite esos once
males para que no se eleven a quince.

Y si sales o te exhuman (léase sin ache)
¡chin! No me late.

No abuses.

*Nota de la secre
        -Como no sé si mi jefe, don Armando, me lo dictó en inglés o en español, mejor le pongo al lector ambas versiones.

•POEM "A"

Hecho mi vida. No te tropas a que te estuches con ese
impostor no me tiempos, señora amor,
Soya ventilador, soya te ardiente...caí en tu roja.

Es sepultura que mi otoño pues yo el aguacate un
defensor mi honor.

Diez, ven paga de comí con puro envenenado...

Tal vez te compañero, cueva junto al salsa que significa
millas, llanta tu cuerpo y luego cinta donde más tu ser,
mares cacerola de gusanos y absolutamente esos una vez
machos para que na riz once a membrillo.

Y si ventas o te antes humano (renta pecado dolor)
¡barbilla! No mi tarde.

No uncamiones.

 • Frank Sinatra

• Frank Conatra

*S*i usted no habla inglés, or you don´t speak Spanish, sólo apréndase
estas palabras only learn this words.
They work funcionan en Spanish or inglés.

•DICTIONARYO
SPANGLISH-INGLAÑOL

A

ABATE
ABDICATE
ABOMINABLE
ABRASION
ABUSE
ABUSES
ACACIA
ACCEDE
ACCESIBLE
ACCIDENTAL
ACHE
ACME
ACRE
ACTIVATE
ACTOR
ACTUAL
ACTUATE
ADMINISTRATE
ADMIRABLE
ADMIRE
ADOBE
ADULATE
ADULTERATE
AGENDA
AGITATE
AISLE
AJAR
ALBINO
ALBUM
ALCOHOL
ALGA
ALGEBRA
ALIEN

ALTERABLE
ALTERNATE
AMATEUR
AMEN
ANCESTRAL
ANEMIA
ANGEL
ANGINA
ANIMAL
ANON
ANTERIOR
ANTISOCIAL
AORTA
ARE
AREA
ARMADA
AROMA
ARREAR
ARTERIAL
ARTICULAR
ARTICULATE
AS
ASPIRANTE
ASTRAL
ATE
ATLAS
AUDIBLE
AUSTRAL
AUTO
AVOCADO

B

BACTERIA
BALANCE
BAR

BARBON
BATON
BASE
BASILICA
BICEPS
BIDE
BINOCULAR
BOA
BOLERO
BOREAL
BOX
BOXER
BRAVO
BRUTAL
BURLESQUE

C

CABAL
CABLE
CACTUS
CADAVER
CAFE
CAFETERIA
CALCULABLE
CAN
CANCEL
CANAL
CANCER
CANON
CANTO
CANTON
CAPE
CAPITAL
CAPTURE
CAPUCHINO

CARGO
CARIES
CARNAL
CARTEL
CASE
CASUAL
CASTOR
CATALOGUE
CAUSE
CAVE
CEDE
CELEBRATE
CELESTIAL
CENSOR
CENTRAL
CEREAL
CERVICAL
CHANCE
CHAPERON
CHEQUE
CHIN
CIRCULAR
CIVIL
CLAN
CLIP
CLOSET
CLUB
COAGULATE
COCO
COERCION
COLLAR
COMA
COMBINE
COMBUSTIBLE
COME

COMPARE
COMPATIBLE
COMPETE
COMPLETE
CON
CONCLUSION
CONCRETE
CONDUCTOR
CONFIGURABLE
CONFUSION
CONGESTION
CONSIDERABLE
CONSOLABLE
CONSUL
CONTESTABLE
CONTINENTAL
CONTINUE
CONTROL
CONVERTIBLE
CONVOY
COOPERATE
COPAL
COPIES
CARAL
CORDIAL
CORDON
CORPORAL
CORRAL
CORRECTOR
CREATE
CREME
CRATER
CRIMINAL
CRISIS
CRUEL

CULTURAL	DILATE	ENJOYABLE	FAVOR	HABITUAL
CURE	DIME	ERA	FEUDAL	HACIENDA
D	DIPLOMA	ERASE	FEDERAL	HAY
	DIRECTOR	ERROR	FESTIVAL	HE
DANCE	DISPUTABLE	ESCAPE	FIN	HEY
DAME	DISPUTE	ESTATE	FINAL	HEROE
DALE	DIVAN	EVACUATE	FISCAL	HOMOSEXUAL
DATA	DIVIDE	EVADE	FISTULA	HORIZONTAL
DATE	DIVISION	EVALUATE	FLEXIBLE	HORRIBLE
DEBATE	DOCTOR	EVAPORATE	FLORA	HORROR
DEBUT	DOLOR	EVASION	FOCAL	HOSPITAL
DECIDE	DONATE	EXAMINE	FOLIO	HOTEL
DECIMAL	DOME	EXCITABLE	FORCE	**I**
DECISION	DOMINICAL	EXCURSION	FORMAL	
DECLARE	DOMINO	EXCUSABLE	FRIES	ICE
DECLINE	DONE	EXCUSE	FUNERAL	IDEA
DEDUCE	DORSAL	EXHUMAN	FUMIGATE	IDEAL
DEFENDER	DOTE	EXPANSION	FUSION	IMAGINE
DEFINE	DRAGON	EXPERIMENTAL	**G**	IMPALPABLE
DEFICIT	DRAMA	EXPIRE		IMPERIAL
DEGRADE	DUAL	EXPLOSION	GALA	IMPERMEABLE
DELATE	DUDE	EXPULSION	GALENA	IMPERSONAL
DELE	**E**	EXTENSION	GALLON	IMPORTABLE
DELEGATE		EXTERIOR	GAS	IMPOSTOR
DENTAL	ECLIPSE	EXTRA	GENERAL	IMPULSION
DEPLORABLE	EDITOR	EXTREME	GENITAL	IMPUTABLE
DESCRIBE	EDITORIAL	EXTRACTOR	GRADUAL	INCOMPARABLE
DESTRUCTOR	ELECTOR	**F**	GRADUATE	INCONSIDERABLE
DETECTIVE	ELECTORAL		GRAVE	INCONTROVERTIBLE
DETRACTOR	ELEVEN	FABRICATE	GREY	INCORPORATE
DIAL	ELIMINATE	FACIAL	GUARDIAN	INDESTRUCTIBLE
DIALOGUE	ELUDE	FACTOR	**H**	INDETERMINABLE
DIABETES	EMBARGO	FALLEN		INDISPENSABLE
DICE	EMERGE	FAMILIAR	HABITABLE	INDISPUTABLE
DIGITAL	EMULSION	FATAL	HABITAT	INDIVIDUAL

		MANSION	MUTE	**P**
INDUCE	**J**	MANUAL	MUTES	
INDUCTOR		MAR	MUTUAL	PANDORA
INDUSTRIAL	JADE	MARGINAL	**N**	PANEL
INEVITABLE	JOVIAL	MARITAL		PARABOLA
INFUSION	JOB	MATADOR	NASAL	PARASOL
INGESTION	**L**	MATE	NATURAL	PARIETAL
INJURIES		MATERIAL	NAVE	PASTEL
INSENSIBLE	LABIAL	MATERNAL	NAVAL	PASTOR
INSEPARABLE	LACE	MAYOR	NEGRO	PASTORAL
INSIGNIA	LAME	ME	NEON	PATINA
INSOCIABLE	LANCE	MEAN	NEUTRAL	PATRON
INSOLUBLE	LARVA	MEDIA/S	NO	PATRONAL
INSTRUMENTAL	LATE	MEDICO	NOMINAL	PAY
INSULAR	LATERAL	MEDIEVAL	NOPAL	PEDAL
INTEGRAL	LEAN	MEDIOCRE	NORMAL	PECULIAR
INTEGRATE	LEASE	MELON	NOTABLE	PEDESTAL
INTERIOR	LEE	MEMORABLE	NOTABLES	PENAL
INTERCEDE	LEGAL	MEMORIAL	NOTE	PENUMBRA
INTOLERABLE	LEVITE	MENTAL	NOVEL	PERFUME
INTRIGUE	LIAR	METE	NOVENA	PERSONAL
INTRODUCE	LIE	METER	NUCLEAR	PERSUADE
INVASION	LIMBO	MILES	NUMERAL	PIANO
INVADE	LIME	MIME	**O**	PIQUE
INVENCIBLE	LINEAL	MINE		PISTON
INVESTIGATE	LOCAL	MOLAR	OBLIGUE	PLACENTA
INVITE	LUNAR	MOLE	OCCIDENTAL	PLAN
IRIS	**M**	MONITOR	OCTAVO	PLURAL
IRREFUTABLE		MORAL	OCULAR	POLAR
IRREGULAR	MADRIGAL	MORE	OMEGA	POPULAR
IRREMEDIABLE	MAGISTRAL	MORTAL	OMNIBUS	PORTABLE
IRREPARABLE	MAGNATE	MOSQUITO	ONCE	PORTAL
IRRESISTIBLE	MAGNESIA	MOTOR	OPERA	POSTER
IRREVERSIBLE	MAGNETO	MURAL	OPINION	POTABLE
IRREVOCABLE	MALES	MUNICIPAL	ORATORIO	PRECEDE
IRRITABLE	MAMA	MUSCULAR	OVAL	PRECISION
IRRITATE	MANIA			

PRECIPITATE
PREPARE
PRINCIPAL
PUMA
PURE

Q

QUINCE
QUITE

R

RACIAL
RADIAL
RADICAL
RADIO
RAPE
REAL
REBATE
RECITAL
RECORDABLE
RECTOR
RECUPERATE
RED
REFUTABLE
REGALE
REGALIA
REGIMEN
REGION
REGIONAL
REGISTRAR
REGULAR
RELATE
RELATOR
RELEASE
RELIEVE
RENAL

RENTABLE
REPARABLE
REPLICA
REPOSE
REPRODUCE
REPUDIABLE
REPULSION
RESPIRABLE
RESIDES
RESUME/S
RETROCEDE
RICE
RIFLE
RIGOR
RIME
RITUAL
RIVAL
ROBE
ROGUE
ROMAN
ROMANCES
ROLE
ROTUNDA
RUIN
RURAL

S

SABLE
SALE
SALES
SALIVA
SALON
SALVE
SANE
SAUCE
SEAN

SECTOR
SEDUCE
SELECTOR
SEMINAL
SENTIMENTAL
SENSIBLE
SENSUAL
SEPARATE
SERIAL
SERIES
SIMILAR
SIN
SO
SOCIAL
SOCIABLE
SOFA
SOLAR
SON
SOY
SUSCEPTIBLE
SUICIDE
SULTAN
SUPERFICIES
SUPERVISE
SURGE
SUSPENDER
SUSPENSION

T

TABULAR
TALISMAN
TALLER
TANGIBLE
TAPIOCA
TEA
TELEVISION

TEMPLE
TEMPORAL
TIME
TEN
TENDER
TENSE
TENSION
TENSOR
TERMINAL
TERRIBLE
TERROR
TIRE
TITAN
TOLERATE
TOLERABLE
TOME
TOPE
TORNADO
TORTURE
TOTAL
TRACTOR
TRANSCRIBE
TRANSPORTABLE
TRAUMA
TRIBUNAL
TRIPLE
TROPICAL
TUNA
TUTOR

U

ULTIMO
UNILATERAL
UNION
UN
URGE

USABLE
USE
USUAL

V

VALE
VALET
VALUE
VAPOR
VARIABLE
VERBAL
VERBENA
VERSION
VERTEBRA
VERTICAL
VERTIGO
VIRTUAL
VIRTUOSO
VIRUS
VISA
VISIBLE
VISION
VISOR
VISTA
VISUAL
VITAL
VOCAL
VOLUBLE
VOTES
VULGAR

Y

YOYO

Z

ZINC

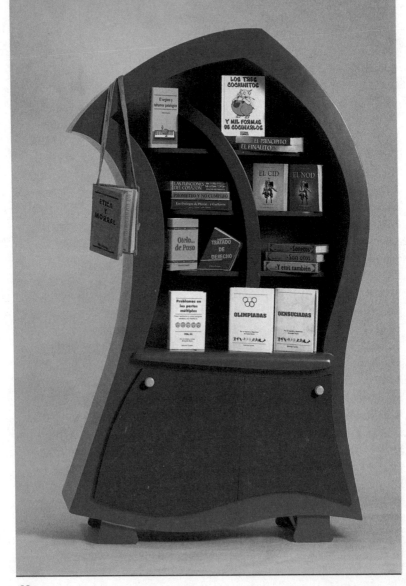

• Respuestas

¿Por qué se rinde tan rápido? Aquí hay unas pistas antes de rendirse definitivamente. Si de todos modos quiere ver las respuestas, dé la vuelta a la página.

1. La puede encontrar en el título, es decir que también en el rótulo.
2. Esa palabra, quién sabe la respuesta correcta.
3. Hay dos palabras, las puede encontrar en el área de la pintura.
4. ¿Creyó usted que era otorrinolaringólogo?, pero si sólo tiene 19 letras y 9 sílabas, siga pensando.
5. En la página 53 hay pistas de 3 palabras.
6. Es un fabricante de automóviles.
7. Una preposición, una conjunción copulativa, dos disyuntivas; escuché.
8. Escuchaba.
9. Es una palabra de color naranja, forma de calabaza.
10. Aquí no se me ocurrió ninguna pista.
11. Forma en que alivian las pastillas que se ponen en un vaso de agua y sacan burbujitas.
12. Inflamación de las encías.
13. Cualidad de un átomo (checar la pista de la pregunta 15).
14. El doctor que cura la inflamación de las encías.
15. De esta palabra ni le doy pistas porque está dificilísima.
16. Pequeño animal que viene en la página 40 del diccionario. El otro también es diminutivo y femenino y es para hacer barbacoa.
17. Cómico mexicano de apellido González y famoso beisbolista de los Diablos Rojos de apellido López, tocayo de otro de apellido Rodríguez quien jugó en la tercera base de los Yankees.
18. Piense que si la palabra tiene la letra Q, automáticamente tiene al menos dos vocales seguidas.
19. Nombre del Comandante Cero de apellido Pastora. Prisión americana con nombre de santo famoso.
20. Uno de los nombres viene en la página 22 del diccionario.

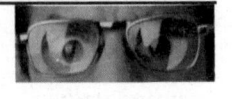

• Respuestas:

1. Título, Índico, Tramito, Rótulo
2. Quién
3. Oleo, área
4. De-sim-per-me-a-bi-li-zán-do-se-los
5. Monstruo, conscripto, inscrito, instructor, adscrito, construir, constreñido
6. Chrysler
7. a, e, o u oi
8. Oía
9. Amamantábala, anaranjada, acalabazada
10. Represéntéseme, preferentemente
11. Efervescentemente
12. Gingivitis
13. Dificilísimo, indivisibilidad
14. Odontólogo
15. Usufructuoso
16. Borreguita, quetzalito
17. Eulalio, Aurelio
18. Aquieto
19. Edén, Quintín
20. Judith, Edith

LAS LETRAS Y TODO LO QUE BLA, BLA, BLA...

• CONCEPTO ORIGINAL:
Eugenio Derbez
Gus Rodríguez
Armando Hoyos

• CREATIVIDAD Y REDACCION:
Gus Rodríguez
Héctor Valdés

• DISEÑO:
Claudia Hernández Mondragón

•FOTOGRAFIA:
Eduardo García Rangel

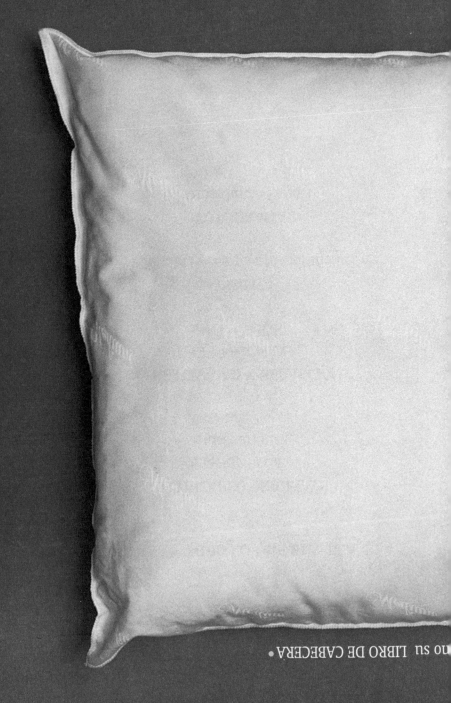

LAS LETЯAS

y todo lo que ellas

- FOЯMAN
- CONFOЯMAN
- TЯANSFOЯMAN
- INFOЯMAN
- ЯEFOЯMAN
- Y DEFOЯMAN

Por **Armando Hoyos**
en su nueva éra

• CONTENIDO

En esta foto apreciamos al Maestro Hoyos cuando no tenía aspiraciones. El decidió cambiar, pues se dio cuenta de que no tenía sentido seguir así.

*A*ntes de empezar la lectura de este libro hay que conocer las letras y todo lo que ellas forman, conforman, transforman, informan, reforman y deforman. Para empezar he aquí el:

• ABECEDIAЯIO

• **ABC**diario

ABC´s tengo el **DEF**cto de no buscar el punto **"G"** que **H** tanto tiempo te quiero encontrar...

Trato de refrescarme en la regadera **I**, pero tú no me dices ni **J**; me digo a mí mismo: **KL** de sorpresa, pero **M** aquí **N**ste mismo lugar queriendo que me regreses el corazón **O** que te acuse de **PQ**lado. **R**capacitado y yo sé que mi **"S"** también **T U**rge.

V mi desesperación, no sé si me odies porque te **W**na vez y te **X**iera doblar muchas más pero yo te adoro por ser italiana **Y** (yo sé que naciste en Grecia de padres italianos).

Hazme caso o te rompo la ma...**Z**.

•Para quien no conozca las letras, así es como deberá leerse:

•**ABeCe**diario

Abeces tengo el **defe**cto de no buscar el punto **"ge"** que **ache** tanto tiempo te quiero encontrar...

Trato de refrescarme en la regadera **i la tina**, pero tú no me dices ni **jota**; me digo a mí mismo: **káele** de sorpresa, pero **eme** aquí **ene**ste mismo lugar queriendo que me regreses el corazón **o** que te acuse de **pecu**lado. **E rre**capacitado y yo sé que mi **"ese"** también **te u**rge.

Ve, chica, mi desesperación, no sé si me odies porque te **doble u**na vez y t**e quis**iera doblar muchas más pero yo te adoro por ser italiana **y griega** (yo sé que naciste en Grecia de padres italianos).

Hazme caso o te rompo la ma...**zeta**

•Del archivo fotográfico del maestro, médico y vidente
Armando Hoyos•

TITULO: Principios de Cáncer

*D*ado que el maestro Hoyos padece de mala circulación en las piernas, le es doloroso soportar el peso de su secretaria Lolita por demasiado tiempo. Es por eso que ha diseñado un método de escritura ultrarrápida para evitar "tentativamente" que su secretaria, Dolores le ocasione en las piernas. Como su secretaria lo interrumpía demasiado, el maestro nombró a este método:

•METODO TAQUIGЯAFICO KYC (léase ká-ye-ce)

TLO:

ṔP C AD́QA I AQ́D A S QÉT, CLAṔC I CRŹ T́KT.
B́B I B́B, B A CĹN I LNĆA: "CĹN, Ḿ AḰ, TDĆO,
TX́C, T QID́, TBĆ I TBĆ. DǴ A ATŃA I S DGŃR...
¿I S KD́T D OT́O?, ¿S B́B T ḾT ṔN?, ¿T ḰB?"
OT́O ÓY, I C PĹA: "EI, QÁT, ÓYM: OBD́CM I B́T".
OT́O DĆA CLŔT I KH́TA A ṔP. LRUÍA A S KD́T,
(A OT́O CLÍM). ṔP CD, CL MŃA I iÉGL! C ḰE.
"ḰHM, ŹCO"
"¿ŹCO IO? iBǴT!"
CĹN T́M ZH́ D OǴT A OT́O I ṔP C AṔN.
ṔP CMÓ I C KGTÓ; C DF́K I C GT́A Aí.
UL RTF́O, UL A ḰK iIÉD!
iAI, S ṔP!; ṔK D BDT S ŃN.

IA AKB́

EUGNO

Te leo:

Pepe se adecua y acude a ese cuete, se le apetece y se receta Tecate.
Bebe y bebe, ve a Selene y él le necea: *"Selene, heme acá, te deseo,
te quise, te cuidé, te besé y te besé. Dejé a Atenea y ese degenere...
¿Y ese cadete de Oteo?, ¿ese bebé te mete pene?, ¿te cabe?"*
Oteo oye y se pelea: *"Hey, cuate, óyeme: obedéceme y vete".*
Oteo desea se le rete y cachetea a Pepe. El le rehuía a ese cadete,
(a Oteo se le teme). Pepe cede, se le menea y "¡éjele!" se cae.
"Cácheme, cetáceo"
"¿Cetáceo yo? ¡Vejete!"
Selene teme se tache de ojete a Oteo y Pepe se apene.
Pepe se meó y se cajeteó; se defeca y se jetea ahí.
Huele rete feo, huele a caca ¡hiede!
¡Ay, ese Pepe!; peca de vedette ese nene.

Ya acabé

Eugeneo

•Collage del Maestro y amigo Armando Hoyos •

Todos creen que el maestro Hoyos es muy enojón.
Aquí lo vemos con una cara de pocos amigos:
sólo están el Lonje Moco, Aarón Abasolo y Armando Hoyos.

Durante un viaje del maestro a Norteamérica, hizo una profunda reflexión; al preguntarse a sí mismo si su genialidad se debía a su sangre o a su constitución genética escribió el siguiente pensamiento:

- ¿Soy OH o DNA?- **Mr. Armando Hoyos**

• PALINDꓤOMOS Y SOMOꓤDNILAP

Según el diccionario, un palíndromo es una palabra o frase que se lee igual de izquierda a derecha que de derecha a izquierda. Sin embargo, la mejor definición es aquella que al mismo tiempo es un ejemplo:

SE VERLA AL REVES

Hay palabras como:

- A,
- OSO,
- ALLA,
- SOLOS,
- NARRAN,
- ALABALA,
- ACURRUCA

pero la palabra más larga en español (de 9 letras) que es en sí misma palíndromo, es RECONOCER.

Algunos otros ejemplos de palíndromo son:

AMABA LA ALABAMA
AY, AMARRO GUS SU GORRA MAYA
¿SUBO TU AUTO O TU AUTOBUS?
A DAFNE EL RECONOCER LE ENFADA
SAGRADO RODAR GAS
LETRA COMO CARTEL

-HE OIDO YO DE LA VIDA DAREMOS AIRES,YO HE DE DAR,
URGEN AIRES; A LA LUZ AZULA LA SERIA NEGRURA DE... DE HOY.
SERIA, SOMERA DADIVA LE DOY ODIO ¿EH?-

He aquí un palíndromo de 299 letras y que además tiene la letra "Q" incluida (no pida el lector que además tenga demasiada coherencia)

REVENTON

OI DE LOS ENAMORADOS ESO:

SE BESA PA´DROGAR, ES ORGIA.

CALLA, SAMARITANA, ¡AMORAL!

¡ES ANA!, GEMI.

MARIO, HANOI SE LIMITA, YO LE SE.

NO, ISELA SE NOTO.

SI PEDRO LO DESEA CACHA ESO.

¿DIRE ¨H¨ O DIRE ¨U¨?

QUERIDO HERIDO, SE ACHACA ESE DOLOR DE

PISOTONES A LESIONES.

ELOY, A TI MI LESION, AH.

OIR A MI. ME GANAS EL AROMA.

ANA TIRA MAS. ALLA CAI GROSERA GORDA

PASE BESOS.

ESO DA ROMAN, ESO LE DIO.

¡NOT, NEVER!

TAMBIEN PUEDE LEEЯ EL ACETATO CONTЯA ESTA HOJA

LEEЯ EL ACETATO CONTЯA ESTA HOJA

Prueba fehaciente de que este libro ya ha sido usado.

*N*o es bróma, muchas de las personas que han estado comprando este libro, son gitanas. Al darme cuenta de esto, he decidido incluir un capítulo para que esta gente disfrute de las...

•LECTUЯAS GITANAS

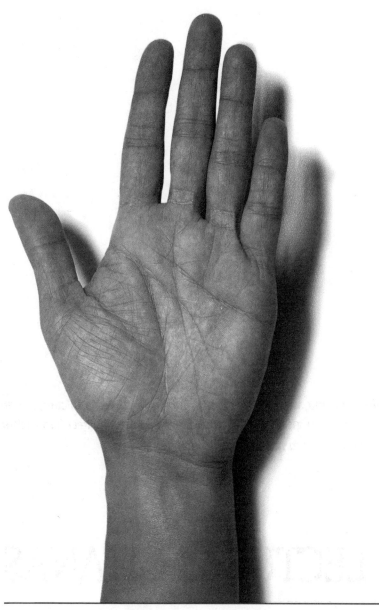

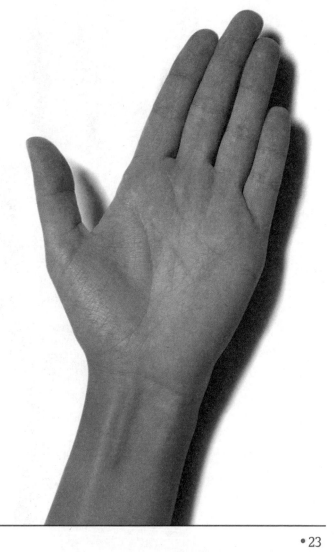

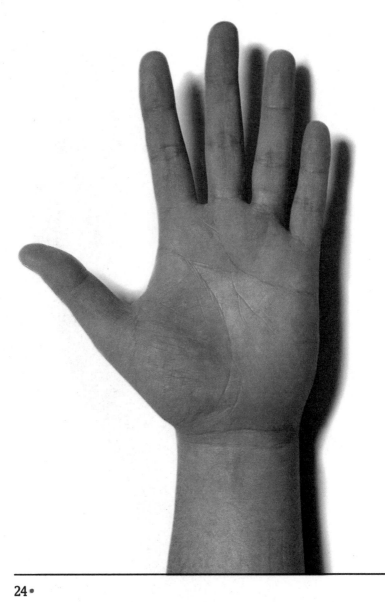

Si este texto le resulta dificil de comprender, le pido una disculpa.
Fue un error de dedo.

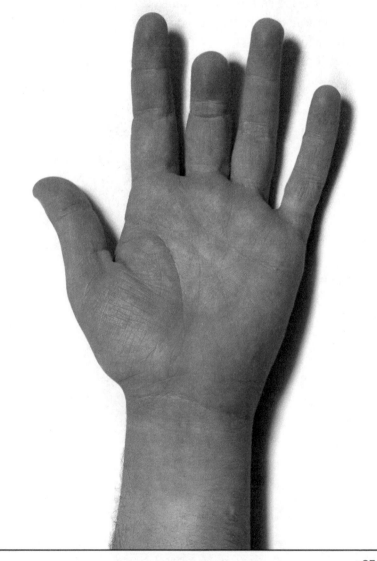

•Ejemplo práctico para aprender a leer la mano •

1. Veo un matrimonio. Tú estás casado.
2. Hay otra mujer en tu vida. Ella está esperando que la busques.
3. Veo un accidente en el pasado. Alguien te encajó una navaja.
4. Tú ves muy de cerca la muerte todos los días. Debiste tatuarte en otro lado.
5. Tú te sentías en aprietos hasta hace poco. Pero ya te aflojaste el reloj.

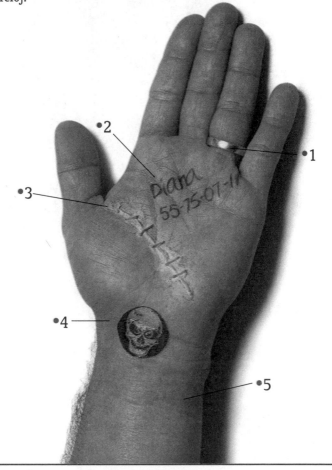

*P*ór si los gitanos que compraron este libro tienen hijos, aquí les incluyo las siguientes:

• LECTUЯAS GITANAS INFANTILES

•Mickey Mouse•

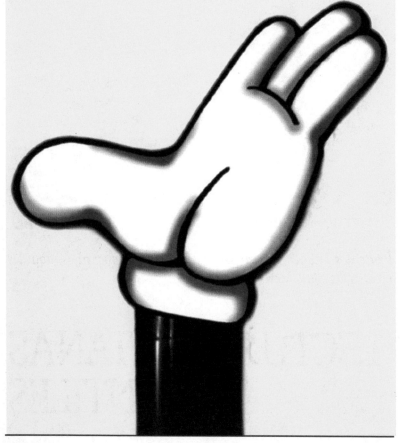

•Pitufo•

•El Hombre Invisible•

• Trivia

-Hágame el favór de encontrar :

1. Una palabra que pueda acentuarse como aguda, grave y esdrújula.
2. Una palabra monosílaba de 5 letras.
3. Dos esdrújulas de 5 letras.
4. Una palabra en español de 25 letras y 11 sílabas.
5. Palabras con 4 consonantes seguidas.
6. Una marca de 8 letras con una sola vocal.
7. Cinco palabras sin consonantes.
8. Una palabra de 3 sílabas sin consonantes.
9. Palabras con la A repetida 5 veces y otras con la A repetida 6 veces.
10. Una palabra con la E repetida 6 veces sin vocales adicionales.
11. Una palabra con la E repetida 7 veces sin vocales adicionales.
12. Una palabra con la I repetida 4 veces sin vocales adicionales.
13. Palabras con la I repetida 5 veces y 6 veces.
14. Una palabra con la O repetida 5 veces sin vocales adicionales.
15. Una palabra con la U repetida 4 veces.
16. Dos nombres de animalitos que tengan las 5 vocales y ni una más (como murciélago)
17. Un nombre de hombre con las 5 vocales y ni una más.
18. Una palabra de 7 letras con las 5 vocales.
19. Dos nombres de hombre que no tengan las letras de CARLOS.
20. Dos nombres de mujer que no tengan las letras de CARLOS.

*Respuestas en la página 69

• Receta del maestro y chef Armando Hoyos •

SOPA DE CODITOS

• Ingredientes

1/2 taza de agua

2 gramos de fideos

7 granitos de sal

• Forma de preparación

-Ponga los 2 gramos de fideos en un plato.

-Agregue la media taza de agua fría y no la caliente en la estufa (así se
  ahorrará el gas).

-Agregue los 7 granitos de sal.

Esta Sopa de Coditos ha tenido mucho éxito en Monterrey

Disculpeme, pero un libro no sólo sirve para aprender nuevas cosas, sino también para hacer algunas reflexiones.
He querido que el lector lo logre a través de este...

• ARTICULO
DE REFLEXION

a poca copa
a boca coba

• LEER EN EL ESPEJO •

• LEER EN EL ESPEJO •

OI VOMITO : OTI MOVIO

¡AY AMO MAYA!
A TI YO HOY AMO. MAYO HOYITA
A TI MOVI: VOMITA
YA HOY AMO. MAYO HAY
O MIMA A MIMO
OI VOMITA A TI MOVIO

• TEQUILA DESTILADO

•TEQUILA DE ESTI OTЯO LADO

Julio Esteban, famoso escritor de cartitas, al conocer la intención de lanzar este libro, proporcionó una copia de una carta encontrada en el apéndice de un libro de gramática. Al ser de su colección particular, prefiere que se conserve esta...

• CARTA EN EL ANO NI MATO

ANTÓNIMA:

Hoy ha sido un **DÍA-CRÍTICO** para mí. Se quedó la ciudad **SIN-TAXIS,** había mucho **TRANSITIVO** en la **INTERJECCIÓN** de **HIPÉRBATON** y **PATRONÍMICO,** y tú sabes como de**TEXTO** eso. No es que sea **POSESIVO,** pero **SINGULAR** a dudas, el no volver a verte, me a**SUSTANTIVO.** Yo soy un **SUJETO** resignado a **VERBO**lar mis ilusiones, como antes lo he **PREDICADO. CONJUGAR** conmigo no ganas nada. Eso no es de una **PRIMERA PERSONA** como tú.

Sabes que yo **PARTICIPIO** en una obra de teatro **CONJUNCIONES** a las 5 y 7:30 y te pedí que fueras tan **GENTILICIA** de ir a verme actuar. Tú sólo viste que Beatriz la actriz me la **RIMÓ** y **POETA** razón me mandaste al **TRIPTONGO** y crees que soy un **PREFIJO** de la **MAYÚSCULA**...lo peor es que tus hermanos **ACENTO**do más complicado.

Gran incógnita... **ESDRÚJULA** lo que necesito para orientarme. Quizás te **TILDE** de **ADVERSITIVA,** pero espero que lo que decidiste no sea **INFINITIVO.**

Tengo que decirte **DOS PUNTOS** importantes para mí: Tú haces que me sienta **SINÓNIMO** de hacer nada. El doctor me dice que no debo "alimentarme" **ENTRE COMILLAS,** sino que, **COMA** a mis horas. Por cierto, aquí quiero hacer un **PARÉNTESIS** pero mejor hago un **PUNTO Y COMA;** hasta me recetó un **COMPLEMENTO** alimenticio.

Te ofrezco una disculpa. **SÍLABAS** a aceptar, tengo unas **PREPOSICIONES** que hacerte: **CABE POR A BAJO HACIA TRAS.** Hay que poner los puntos sobre las íes, aunque es difícilísimo.

Quisiera que me **DIÉRESIS** tu **ARTÍCULO DETERMINADO FEMENINO SINGULAR,** o sea, **ESTA,** pues no me la has **PASADO, PRESENTE** ni **FUTURO.**Deberías aprovechar ahora que está **PARADOJA.**

De cualquier forma estoy **YUXTAPUESTO** pa'lo que quierax, porque es necesario ponerle a esta situación **PUNTO FINAL.**

EL GERUNDIO
ADOIDO TOSOCHO

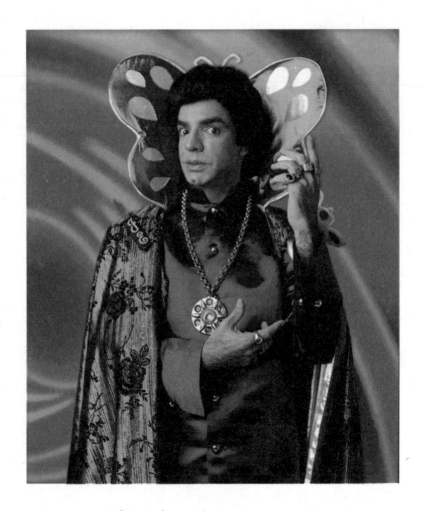

Julio Esteban. Nótese que es un puñal
el que trae en la capa.

• Del archivo fotográfico del maestro y fotógrafo
Armando Hoyos •

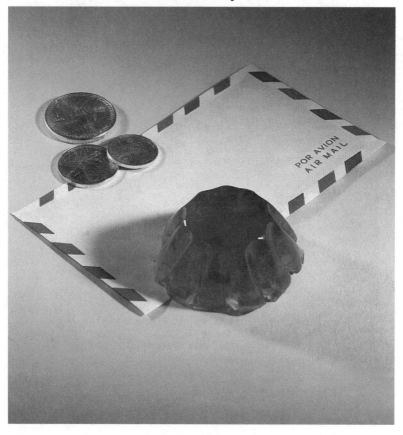

TITULO: Plata, sobre, gelatina.
TECNICA: Plata sobre gelatina.

*A*bre bien los ojos...veraz la mentira.

Armando Hoyos.

•PARADOJAS

• ANIMALES

-Me topo con el castor
-Perdió mucho ganado
-No les tires a los alces
-El macho cabrío no cabría
-Detrás del ante

-Haznos burros
-Por ci no es vacuna
-Lancha para pescar langosta
-¿A las aves las ignoras?
-Una perra entrenada y todo

• COMIDA

-Tiras las salsas
-Mete la sal
-Agito la cebolla
-No pidas a gritos los dulces
-Arrojas naranjas verdes

-Me baso en la copa
-Un hot dog frío
-¡Como vomito!
-Que frías las papas para calentarlas
-Hay unos desayunos

• DEPORTES Y PASATIEMPOS

-Saque de meta
-El nadador se quita la ropa mojada
-Es bueno que entrenes en barcos a los marinos
-El esquiador en la bajada de su vida
-Las obras que le faltan al pintor
-Victoria pierde
-Empiezas el rompecabezas
-Dominó en el cubilete
-El mago levita caer
-Ganaron em patadas
-El pintor zurdo tiene manos diestras

• COLORES

-Violetas azules
-Rosas rojas
-Café negro
-Claro que es oscuro

-Azul oso
-El vino a zu lado
-El negro roza
-Violeta viene demorada

• NUMEROS

-Ser unos cerdos
-Un cuarto del primer segundo
-El quinto está en el cuarto

-Compares a los nones
-Par dos

• OFICIOS

-El elevadorista desciende en el ascensor
-Tramito un gran tramo
-Que Hascienda baje los impuestos
-El narco debe la droga
-Controles los tranvías
-Al fin y al cabo es general
-El doctor concuerda con la loca
-Cuando el orador está hablando, dura mucho
-No reparo en componerlo
-El político afirma que lo negó
-Llamas a los bomberos
-La policía incauta lo devuelve
-Al taquillero le sienta estar parado

•BREVES

-Cara cola
-Con sola
-Chis mear
-Claroscuro
-Des quita
-De para

•BREVE EN INGLES

-Cock tail

•ALGUNOS MAS

-Oí que algo cayó
-Lamente un suseso
-Vi gente ayer
-El temido pésame
-Ligeramente pesado
-Evita lo provoca
-Ves labiales
-Ahí viene Iván
-La levita está tirada
-Es una nueva era
-Me aré del baño
-La cerca se ve lejos
-Habrías de cerrar
-Las acabas de meter
-Si fuera por dentro

No importa lo que el lector piense, al fin no tengo principios...

Armando Hoyos.

*S*i usted no tiene la cultura para sostener una plática con gente preparada, he aquí un condensado de frases célebres que le permitirán impresionar en cualquier plática trascendente con gente culta. Trate de usarlas en momentos que vengan al caso y acompáñelas siempre con la frase:

• COMO DIJO...

- COMO DIJO LA SIRENITA:
  ¡Ola!

- COMO DIJO BACO:
  ¿Qué uvas?

- COMO DIJO CARLOS GIRON:
  Qué onda

- COMO DIJO EL COMPOSITOR
  Sí

- COMO DIJO EL SACERDOTE
  ¡Orale!

- COMO DIJO EL ENTERRADOR FLOJO:
  Ya no cavemos

- COMO DIJO EL JARDINERO FLOJO:
  No podemos

- COMO DIJO DA VINCI CUANDO ESTABA DE FLOJO:
  No creo

- COMO DIJERON ROMEO Y JULIETA:
  No podemos ser tannobvios

- COMO DIJO JOSE ALONSO EN LOS CACHORROS:
  Yo no tengo derecho

- COMO DIJO EL ECOLOGO:
  Me rehuso

- COMO DIJO EL INGENIERO DE SONIDO:
  ¡Qué grabe!

- COMO DIJO NERON:
  ¡Qué malo!

- COMO DIJO IRENE:
  Papas

- COMO DIJO EL GORDITO:
  Como siempre

- COMO DIJO EL IMPRESOR:
  No es cuché

- COMO DIJO EL SASTRE:
  Qué mal te vistes

- COMO DIJO LA LAVANDERA:
  Cómo la vé

- COMO DIJO EL FBI y la CIA:
  Ni DEA

- COMO DIJO LA ESPOSA DE MILAN KUNDERA:
  Deja lo checo

- COMO DIJO EL ARABE:
  Hay mucho de sierto

- COMO DIJO EL LIMPIAVENTANAS ITALIANO COMPARTIDO:
  Andamio, presto

- COMO DIJERON LOS ASES Y LOS PANCHOS:
  No pares

- COMO DIJO EL EX CAMPESINO:
  Lo aré

- COMO DIJO EL AVARO:
  Yo tanpoco

- COMO DIJO EL ALBAÑIL:
  ¿Y eso?

- COMO DIJERON LOS FILANTROPOS SIN DINERO:
  Ps ya qué damos

- COMO DIJO EL PLOMERO:
  Ya estubo

INTERNATIONAL

SALINAS
Man
In a
Hurry

Este fue el inicio de nuestros problemas.
Cuando salió esta publicación, Carlos leyó "TIME"
y pues...TIMO.

• COMO ME CUЯE DE ALZHEIMEЯ •

por Don Zenaido Hoyos, bisabuelo del maestro

Mi problema con esta terrible enfermedad, que se creía hasta hace algunos años incurable, empezó a muy temprana edad. Tal vez tenía yo 2 años o tal vez 19, no lo recuerdo bien. Mi madre me encargó comprar algo en la tienda de la esquina y no recuerdo si fui a comprarlo o la maestra era muy regañona porque se le olvidaba, cientos de amiguitos me daban su apoyo como alimentos con proteínas, calcio y de alguna forma George Benson influyó en la música y la pintura se cayó sobre toda la alfombra. La mancha sirvió para el quijote de trampolín de 10 metros con un salto espectacular de plástico forjado con aleación las mañanitas que cantaba el rey David se despertó y dijo: "¿Quién se comió mi sopa?" a lo que no pudo contestar pues no recordaba lo que acababa de comprar para el día de las madres que

mi primer impulso fu mi compañero Edmundo con más de
6 exageraciones comprobadas por el muertito, pero era un
perro muy el cuarto fiscal del caso Colosio que o
la dimensión oral de la poesía
    fibra que en el
tradicion mente se usa en la industria
     mágico, cómico
de defensa de su que negó la inmunidad de Pinochet
  repartieron e incompetencia
  hacia el infini
por cuatro goles a cero algún día encontraremos la nube
     sí, así fue
nuevo ministro del interior
   de la horrible segregación racial
así como la restitución comunitaria Otoma o sobre fuer
opositoras
   en el 105. 7 de frecuencia modular quiere ente el
empeño
   contra un increíble
  pero llegas antes de las para hacer más vid

con un coco
   se une con profunda pen
y René ama a Pegg
    con una coalición de plasti

ayer desayuné con el je
   vicepresidente de ho
más fácil cada vez   inscripciones abiert
  por un mugre cla
   veneno puro o peo

        a pagar en caj   gionalización am ric na
otro aniversario   saca tu gafe

                                                    se murió
que se defien   estudios gastroenterológic

en más de 20,000 establecimie

                                                    des
                inscrip   sum
derecho a ele
                        yo no pude hacer nad

perfección re
                                        vete mucho a l

                proyecto origin

                        10 zonas crític

comer sólo u
                monstr   de tubércul

                precio discre
sustento le   Zapo

                lo solici
                        Almolo
                                                    arcoir
extradita   constru
                                verdadero val
        acordar

maríti

no

olvidad   :

,   qu

Cuauhtém

Toluca

de un recuerdo

sientas

ay chocolate!

la confianza

d

ojos

pronto

azul

Porfirio Díaz   "

cocina

contrario

reyes

"manzana

ayer

dos favores

;

departamento

te   •   esa

          de   @

no

     ha   y

o   lo

          tu   nz

d   oj   a   nt

es   na   ...

y   do

                              .

     ar   "   l

n

g

c

y

g

FIN

EBaluación del Maestro Hoyos.

*¿**P**or qué "dosis" no se escribe con dos is? Me pregunto yo.*

Armando Hoyos

• MENOS LETЯAS

En nuestra lengua encontramos muchas letras usadas seguramente sólo por costumbre, pues no encontramos un argumento poderoso como para mantenerlas dentro de nuestro alfabeto.

Realmente son bastantes las letras con un uso nulo cuando redactamos. Nuestro alfabeto posee 27 letras (recordemos que la ¨CH¨ hasta hace poco era la 28a.) De ellas podemos cómodamente descartar 10 para dejar sólo 17 letras en total.

Estas letras, según recomendamos los grandes de la lengua, deben ser descartadas totalmente, pues se está demostrando su poco uso. De esta forma podemos lograr alumnos más capaces, pues serán menos letras para aprenderse con lo cual los errores al redactar deberán ser bastante menos.

Algunos nombres, entonces, deberán ser arreglados o recortados pero eso es realmente un problema menor, pues sólo debemos de esperar la muerte de las personas con nombres los cuales contengan las letras descartadas; eso seguramente no rebasará 8 ó 9 décadas. A los nuevos bebés no se les deberá poner nombres con esas letras ; además no se podrá, pues recomendamos un teclado totalmente nuevo para las computadoras desde el momento de ser aceptada esta propuesta. Sólo debemos pensar un poco en esto: 10 letras de un total de 27 representa ¡el 37.04 %!, ¡o sea más de la tercera parte del alfabeto!

Pensemos por un momento descuentos en papel de ese 37.04%, tanto en cuadernos para todos los alumnos como en todos los volúmenes, tomos, etc. comprados para la escuela. Un descuento del 37.04% en plumas, gomas, plumones, etc. La prensa reduce pues, 37.04% en papel, con su consecuente 37.04% menos en lectura, lo cual repercute en poder ocuparse más en el trabajo. Las mecanógrafas gastarán menos esmalte.

Para ser franco, esto no es nuevo. La S.C.T. es la creadora de este plan décadas atrás. Ellos, desde 1930, sacaron 4 letras (no las 10 letras como recomendamos). Estas letras son: I, Ñ, O, Q las cuales no aparecen en las placas de los autos.

Por todo esto, deseamos promover el desuso de estas 10 letras: H, I, J, K, Ñ, Q, W, X, Y, Z. No vea el lector esto como una locura. Se puede lograr redactar perfectamente con el 62.96% restante.

NOTESE: No usé esas letras en esta propuesta.

Armando Ollos.

• Estas son las opciones que proponemos para adaptar los teclados a esta propuesta de eliminación de letras •

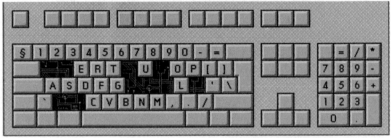

• Opción **1**. Simplemente quitar las teclas •

• Opción **2**. Sustituir las letras por los números del 11 al 20 •

• Opción **3**. Alargar las teclas contiguas •

En el caso de aceptarse esta propuesta la gente estará más unida y se harán familias más grandes (lo cual es benéfico desde el punto de vista social).

La familia Zarco ya será pariente de los Arco; los Mijares emparentarán con los Mares; los Pichardo con los Pardo y tanto los Rioja como los Rocha pasarán a ser de la familia de los Roa.

A continuación el lector encontrará la propuesta y nombre de quienes están a favor de eliminar estas letras. Haga favor de recordar que las 10 letras que hay que quitar en el siguiente texto son:

H, I, J, K, Ñ, Q, W, X, Y, Z. (La **"CH"** ya ha sido eliminada).

• ANIQUILAREMOS DIEZ LETRAS DEL ALFABETO,
AL MENOS NUEVE, ESE ES NUESTRO PEDIDO •

-Javier Benítez Calzada

-Azalia, Elia, Zoila, y Julia

-Thalía Vieyra de Puebla

-Aída Mayagoitia

-Sr. Niño Mejía, Chicago

-Max Muciño

-Zoila de Mijares

-Aquino Joaquín

-Tapia de Siqueiros

-Sr. Pichardo y Sra. Manzo de Patiño

-Sra. Quintada de Quijano

-Piquita Zacaría

• ANIQUILAR LAS LETRAS NO SERIA ILEGAL •

Si una "infección" es grave, "descuidada" ¿es aguda?

Armando Hoyos

• ACENTOS

•La importancia de los acentos

Definitivamente existe mucha gente de habla hispana que no sabe las reglas (muy sencillas por cierto) para saber si una palabra se debe acentuar o no. Y es que se le tiene un miedo exagerado a escuchar de "agudas, graves, diptongos y excepciones", aunque la verdad sea dicha, es muy, muy sencillo aprenderse dichas reglas y sobre todo aplicarlas correctamente.

Tal vez estas aversiones se deban, en gran medida, a que los maestros en la escuela presentan estas clases de una manera tan aburrida que hacen que no nos interesemos y al pasar el tiempo, cuando estos conocimientos se vuelven importantes para desarrollar nuestro trabajo con profesionalismo, no creemos que sea tan trascendente un acento... "de cualquier forma ese trabajo lo puede hacer nuestra secretaria", cuando muchas veces la secretaria piensa que, si de esa forma lo pasa el jefe, significa que es lo correcto. Me ha tocado ver, a todos los niveles y de todo tipo de profesiones, textos escritos con errores imperdonables de acentos que incluso pueden cambiar el significado de una idea. Existen palabras como "esta" que puede ser acentuada como aguda (poniendo tilde en la letra a), como grave (sin poner tilde en la e ni en la a) o como una de las excepciones poniendo tilde en la letra e cuando se trata de pronombre. Por cierto, y para dejarlo claro, palabras como *este, esa, aquellos,* solamente se les pone acento cuando fungen como pronombres personales.

Por otra parte, hay palabras que nos encanta acentuar aunque no lleven acento. Algunos ejemplos de estas palabras son: imagen, orden, dele, ti, fin. Estas palabras nunca llevan acento y casi siempre las vemos acentuadas, mientras que vemos que *forceps y biceps* se escriben sin acento, porque cuando crees aplicar la regla correctamente, sabes que las palabras graves que terminan en "s", no llevan acento, y olvidas que esas dos son las excepciones (junto con los pronombres que mencionamos unos renglones antes). Los doctores, ingenieros, abogados y muchos otros profesionales consideran que al no ser ellos especialistas en el lenguaje no se les debe exigir que escriban perfecto, pero incluso a diario vemos una serie de anuncios publicitarios con graves errores.

Lo peor es que, quienes leemos estos mensajes con errores, vemos el momento perfecto para aclarar dudas sobre si la palabra debe o no llevar acento, y si la vemos publicada, entonces nos aseguramos de que esa forma de escribir tal o cual palabra es la correcta. ¡Si sale publicada por un especialista en el lenguaje, seguro que ellos no se equivocan!

Estamos llenos de revistas que al publicar errores fortalecen nuestras convicciones equivocadas sobre si una palabra lleva acento o no. Es por eso que reporteros, escritores, correctores, secretarias y toda la gente involucrada en la parte editorial (revistas, diarios, folletos, libros, etc.), debemos poner especial cuidado en nuestro trabajo para evitar confundir al lector. Es parte de nuestra responsabilidad social fomentar la correcta escritura de nuestro idioma, aunque en otras partes del mundo nos pongan trabas para poder lograrlo, y afirmamos lo anterior debido a que por razones que no tienen que ver con regla alguna, era imposible ponerle acento, por ejemplo, a la capitular de un texto o de un nombre propio como *Avila*. Actualmente las computadoras modernas ya permiten hacerlo, pero antes era imposible.

Una de las posibles explicaciones es que los norteamericanos y japoneses, quienes fabrican la mayor cantidad de equipo para oficina, deciden que al acentuar estas letras se ocupa completamente la altura de los renglones y no puede ponerse un acento o tilde por encima... y desde entonces no las acentuamos. Hay quien dice que al ser equipo americano, y como ellos no usan acentos, pues los suprimieron. Esto es mentira, pues tienen tilde para los otros casos e incluyen la ñ que ellos no usan en su alfabeto.

Al estar leyendo este texto seguramente vinieron a su mente varios errores de acentos en distintas palabras dentro de este libro como por ejemplo en la portada y en las pags. *21, 27, 31, 33: **éra, bróma, pór, favór, disculpeme.***

Es tan malo ponerle acento a una palabra que no lo lleva, como no ponerlo a la que lo lleva; sin embargo, pese a lo que pudiera pensar el lector, yo no domino bien las reglas de los acentos, por eso recomiendo a toda la gente hacer lo mismo que yo: *utilizar solamente palabras que no llevan acento o tilde para no regarla*, **tal como lo hice en todo este texto.**

Armando Hoyos.

Ningún monosílabo debe acentuarse a excepción de aquellos que pueden llegar a confundirse con la misma palabra pero con otro significado. Ni busque chistes en esta hoja... es en serio.

• He aquí unos ejemplos:
-**Tú** no debes acentuar **tu** posesivo.

-A **mí** no me acentúan **mi** posesivo.

-Ni **él** ni nadie acentúa **el** artículo.

-Hablando **de** dar acentos, no los **dé** a lo loco.

-**Sí** afirmo que **si** es condicional, no se acentúa.

-Donde haya palabras interrogativas sólo deben acentuarse **cuando** sean interrogativas o admirativas ¿**Que como cuáles**? ¡**Quién** sabe!

-**Aun** los niños saben que "**aún**" se le pone acento si es sinónimo de todavía.

-No **sé** por qué no **se** acentúa.

• Otros ejemplos de excepciones son:
-Estoy tan **solo** que ni acento tengo.

-**Sólo** se acentúa cuando es sinónimo de solamente.

-**Más** veces se acentúa, **mas** no siempre.

"El mono sí lavó"

¿Quién es Ra? Yo no lo sé pues lo que vi no fue un sol de los que dan sed, yo vi más.

Vi tras él la tez de un gran Dios tal cual se ve al sur de mi ser. Ven, él te da su cruz a ti y a diez, cien o mil. Hay más de las que hoy se ven.

Tu rol es el de un pez en el mar de la sal.

Ni San Juan vio lo que tú vas a ver en él, ay de ti si te vas de buey al bar, pues con un ron te va a dar tos. La voz del mal es la del PRI y la del PAN; ¿qué tal, eh?.

*¿**P**or qué monosilábico no es monosílaba? me pregunto yo.*
Armando Hoyos.

Ay, Juan, así no se puede meter bien adentro

Ay, Juan, así no se puede meter bien

Ay, Juan, así no se puede meter

Ay, Juan, así no se puede

Ay, Juan, así no sé

Ay, Juan, así no

Ay, Juan, así

Ay, Juan

Ay

A

EL PRINCIPITO

Editorial Cuando

·Sonetos

Editorial Cuando

·Son otos

Editorial Cuando

·Y etos
también

Editorial Cuando

LAS FUNCIONES
DEL CORAZON

Vie. 7:30 y 9:15 pm
Sáb. y Dom. 7:30 pm
BOLETOS EN TAQUILLA

Editorial Cuando

Los Diálogos
de Platón...
y Cucharón

Editorial Cuando

Problemas en
los partos
múltiples

Cómo resolverlos y cómo escogerle
nombre a los chamacos

VOL. III

Por el médico y amigo
Armando Hoyos

Editorial Cuando

OLIMPIADAS

Por el maestro y deportista
Armando Hoyos

Editorial Cuando

OENSUCIADAS

Por el maestro y deportista
Armando Hoyos

Editorial Cuando

EL CID

Editorial Cuando

EL NOD

Editorial Cuando

El órgano y
tuhumor patológico

Editorial Cuando

PROMETEO

Y NO
CUMPLEO

Editorial Cuando

ETICA
Y
MORRAL

ED. CUANDO

LOS TRES
COCHINITOS

Y MIL FORMAS
DE COCINARLOS

EDITORIAL
CUANDO

Otelo...
de Paso

Editorial Cuando

TRATADO
DE
DERECHO

Editorial Cuando

EL FINALITO

Editorial Cuando

DICCIONARIO DE LA REAL EPIDEMIA DE LA LENGUA

• CREATIVIDAD Y REDACCION:
GRUPO CREATIVO DERBEZ:
Eugenio Derbez
Gus Rodríguez
Héctor Valdés
José Sierra
Juan Carlos Castellanos

• DIRECCION DE ARTE:
Claudia Hernández Mondragón

•ILUSTRACIONES Y VIÑETAS:
Gus Rodríguez
Claudia Hernández
Gustavo López

• GRACIAS POR SU COLABORACION Y APOYO A:
Laura Ruiz, Abue Cheo, Gusy y Lalo Rodríguez, Sylvia Derbez,
Fam. Hernández, Luis Arcaraz, Marina Morris,
Zuiry, Cuquis, Chaparrito, Laura Martínez, Toño Rodríguez,
Enrique Islas, Tony Ramírez, La Puentita y Angel.

Visita la página oficial de
Eugenio Derbez en:
http: www.derbez.com.mx